AO・推薦入試

電光石火

コミュニケーション能力アップへの道

はじめに

　ＡＯ入試や推薦入試（以下、「ＡＯ推薦入試」と略します）には、学科の知識が問われるだけでなく、「あなたの考え」が問われるという特徴があります。どのような形式で問われるかといえば、以下の３つの段階においてです。

- ◆ 事前に提出する「志望理由書」や「自己推薦書」で将来の夢を述べる
- ◆ 筆記試験としての「作文」や「小論文」で自分の価値観や社会問題についての考えを述べる
- ◆ 「面接」試験でも夢や社会への問題意識を表現する

　つまり、ＡＯ推薦入試を突破するには、文章や口頭で効果的に自分の考えを表現する力、すなわち「コミュニケーション能力」が求められるのです。

　しかし、すでに大学進学者の約半数がＡＯ推薦入試を通じて入学しているにもかかわらず、多くの受験生は、小学校、中学校、高校を通じて、コミュニケーション能力を習得するための体系的なトレーニングを積んでいません。

　そこで、本書では、ＡＯ推薦入試で合格するためのコミュニケーション能力、すなわち志望理由書や小論文の答案を書く力、面接で応える力を養成するカリキュラムをご紹介しています。段階的かつ具体的に力がつくように編集してありますので、今までは「書くこと」や「話すこと」が苦手だった人も、自然に志望理由書や小論文の答案が書け、面接で応えられるようになります。

　私は、大学、企業、官公庁、さらには医療機関など、さまざまな場でコミュニケーション能力を養成する仕事に携わってきました。その指導ノウハウを、そのままＡＯ推薦入試にも応用しています。

実際、まだＡＯ入試、自己推薦入試、公募推薦入試などが一般化していなかった 20 世紀末から、さまざまな予備校や「ヘルメス論文ゼミ」（TEL：03-3363-1881、http://www.h-ronbun.com）において、多くの受験生を指導してきました。そして、ほとんどの受講生が志望大学への合格を勝ち取っています。「クロイワ・マジック」と呼ばれるゆえんです。

　こうした実績が評価され、現在では全国の高校、塾・予備校からＡＯ推薦入試対策についての講演や研修の依頼が増えています。また、マスコミからも「ＡＯ推薦入試指導の第一人者」として、多くの取材を受けるようになりました。

　そうした指導ノウハウを広く伝えたくて、本書を書きました。直接会って指導するには限界があります。しかし、本にすれば、全国の受験生にＡＯ推薦入試に合格するノウハウを伝えられます。

　できるだけ対面指導に近くするため、本書では、書き込み方式にしました。読み進み、書き込むことによって、未来の夢がより明らかになっていきます。本書に載っている思考法、表現法を実践することにより、コミュニケーションの達人をも目指せます。

　そして、「ＡＯ推薦入試はコミュニケーション能力でカセぐ！」ことをすべての読者が実践し、人生の次なるステージに進むことを、こころから祈っています。

クロイワ正一

CONTENTS（目次）

Part 1　志望理由書・自己推薦書の攻略

0. 応募書類作成の基本は"ＵＬＴＲＡ" ——— 10
　【ＵＬＴＲＡメソッドとは？】

1. 理解（Understanding）
　①アドミッション・ポリシーを理解する ——— 14
　　【ＵＴＬＲＡメソッド・その１】（理解―志望大学・学部情報）
　②自分自身を理解する ——— 21
　　【ＵＬＴＲＡメソッド・その２】（理解―体験整理）
　③大学での学問を理解する ——— 30
　　【ＵＬＴＲＡメソッド・その３】（理解―学問情報の整理）
　④「社会のしくみ」と「社会が求める人材」を理解する ——— 34
　　【ＵＴＬＲＡメソッド・その４】（理解―業種と職種から将来を展望する）

2. 論理づくり（Logic）
　①自分の問題意識と学問とのマッチングを探る ——— 40
　　【ＵＴＬＲＡメソッド・その５】（論理―集めた情報の取捨選択）
　　【ＵＬＴＲＡメソッド・その６】（論理―問題意識と学問をつなぐ）
　②自分の資質と社会とのマッチングを探る ——— 46
　　【ＵＬＴＲＡメソッド・その７】（論理―問題意識と仕事をつなぐ）
　③自分の未来をデザインする ——— 52
　　【ＵＬＴＲＡメソッド・その８】（論理―中長期的な展望づくり）

3. 整理（Trimming）
　①志望理由書・自己推薦書の構成 ——— 56
　　【ＵＬＴＲＡメソッド・その９】（整理―話の流れ）
　②序論・本論・結論の基本 ——— 58
　　【ＵＬＴＲＡメソッド・その10】（整理―基本パターン）
　③序論・本論・結論の応用（ＡＰＰＬＥ） ——— 62
　　【ＵＬＴＲＡメソッド・その11】（整理―応用パターン）

4. 表現（Action）
    ①読みやすいように段落分けして書く ───── 68
    ②正しい表記で書く ───── 68
    ③文法規則に則って書く ───── 69
    【志望理由書・自己推薦書】（表現例）
    （生物資源学部／文学部／看護学部／政治経済学部／薬学部）

Part 2　小論文への応用

0. 小論文の基本も"ＵＬＴＲＡ" ───── 84
1. 小論文における「理解」の重要性（Understanding）
    ①設問の理解 ───── 85
    ②資料（文章・図表）の理解 ───── 87
    ③評価基準への理解 ───── 90
    【小論文ＵＬＴＲＡメソッド・その1】（理解）
2. 「論理づくり」こそ小論文の命（Logic）
    ①体験や観察を活用する帰納法 ───── 99
    【小論文ＵＬＴＲＡメソッド・その2】（論理─帰納法）
    ②常識や法則を活用する演繹法 ───── 102
    【小論文ＵＬＴＲＡメソッド・その3】（論理─演繹法）
3. つくった論理を「整理」する（Trimming）
    ①小論文に盛り込む3要素 ───── 106
    【小論文ＵＬＴＲＡメソッド・その4】（整理─小論文の3要素）
    ②序論・本論・結論 ───── 110
    【小論文ＵＬＴＲＡメソッド・その5】（整理─「序論・本論・結論」型）
    ③変則的な構成 ───── 113
    【小論文ＵＬＴＲＡメソッド・その6】（整理─「結論・論証」型）
4. 答案用紙に「表現」する際の注意（Action）

CONTENTS（目次）

　①字数制限を守って書く ——— 114
　【小論文ＵＬＴＲＡメソッド・その7】（表現―内容をふくらませるコツ）
　②表現・表記のルールに従って書く ——— 118
　【小論文ＵＬＴＲＡメソッド・その8】（表現―表現・表記のルール）
　【小論文ＵＬＴＲＡメソッド・その9】（合格答案への王道）
　③答案の評価基準 ——— 124
　【小論文ＵＬＴＲＡメソッド・その10】（自己評価・他者評価）
　④テーマ別小論文の攻略 ——— 126
　（少子高齢化社会／環境問題／情報化社会／性差問題／教育問題／グローバル化社会／「豊かさ論」／文化論／国家論／医療問題／食糧問題）

Part 3　面接試験への応用

0．面接の基本も"ＵＬＴＲＡ"
　①質問内容の「理解」（Understanding） ——— 161
　②素材を探して「論理づくり」（Logic） ——— 162
　③正確かつ印象的に伝わる構成へと「整理」（Trimming） ——— 164
　④表情・態度や声の調子にも気を配って「表現」（Action） ——— 165

1．面接試験の「理解」（Understanding）
　①面接試験の位置づけ ——— 166
　【面接ＵＬＴＲＡメソッド・その1】（理解―面接の位置づけの理解）
　②面接の形式 ——— 168
　【面接ＵＬＴＲＡメソッド・その2】（理解―面接形式の理解）
　③評価ポイントの理解 ——— 174
　【面接ＵＬＴＲＡメソッド・その3】（理解―評価ポイントの理解）
　④質問内容の事前理解 ——— 178
　【面接ＵＬＴＲＡメソッド・その4】（理解―質問内容の事前理解）

2. 返答内容に必要な「論理」(Logic)
　①返答内容に必要な論理 ——————————————— 182
　②裏づけとなる証拠（具体例）も必要 ——————— 183
　【面接ＵＬＴＲＡメソッド・その５】（論理―返答内容の論理）
　③その場でつくる論理 ——————————————— 186
　【面接ＵＬＴＲＡメソッド・その６】（論理―面接会場でつくる論理）
3. 返答内容の整理（Trimming）——————————— 189
　【面接ＵＬＴＲＡメソッド・その７】（整理―発言順序）
4. 非言語表現をも配慮した「表現」(Action) ———— 192
　【面接ＵＬＴＲＡメソッド・その８】（表現―非言語への配慮）
5. 面接試験への事前準備
　①頻出質問に対する「シナリオづくり」——————— 196
　②こころの中での「イメージトレーニング」————— 205
　③からだの動きも伴って「シャドートレーニング」— 207
　④面接官をお願いして「リハーサル（模擬面接）」— 208
　【面接評価シート】
6. グループディスカッションとプレゼンテーション
　①グループディスカッションへの対策 ——————— 210
　②プレゼンテーションへの対策 —————————— 215
7. 面接試験にむけた危機管理 ——————————— 218
　①体調を崩してしまったら……
　②交通機関が遅れたら……
　③直前にアガってしまったら……
　④知らないことを聞かれたら……
　⑤返答内容を訂正したいときは……
　⑥何事にも誠意を持って答える

PART 1
志望理由書・自己推薦書の攻略

Part1 志望理由書・自己推薦書の攻略

0. 応募書類作成の基本は"ULTRA"

　私は、AO推薦入試の合否を分ける「志望理由書」や「自己推薦書」を完成する手順について、長年"ULTRA"というキーワードを用いて説明してきました。小論文や面接にも応用できるこのULTRAメソッドは、他者に効果的にメッセージを伝えるコミュニケーションの極意でもあります。

　なお、"ULTRA"とは、以下の4つの手順を表す英単語の頭文字をそれぞれとったものです。

- **U**nderstanding
- **L**ogic
- **Tr**imming
- **A**ction

■ "ULTRA"の"U"

　Understandingとは、「理解すること」です。

　大学・学部によって、「志望理由書にはこういう内容を盛り込んでほしい」とか、「こういう形式で書いてほしい」といった指示はさまざまです。それゆえ、まず「なにを書けばいいのか」とか「どう書けばいいのか」など、志望学部の要求する内容、形式を理解する必要があります。

　また、書くべき要素を探るために、情報を収集しなければなりません。

　志望理由書に盛り込む内容は、第一に「**大学ではなにを学びたいか**」、「**大学卒業後はどんな道に進みたいか**」といった未来の展望です。第二に、「**なぜそうした学習意欲や将来展望を抱いたのか**」といった、過去の経緯を述べると説得力が増します。

ただし、未来への展望を描くには「そもそもこの大学ではなにが学べるのか」とか、「卒業後にはどんな進路があるのか」といった事情についての知識も必要です。また、「どんな学生がほしいか」といった採用方針も知っておかなければなりません。

　さらに、**自分が大学での学問に興味を持った具体的なきっかけ**を示さないと、志望理由書が「つくり話」のように映ってしまいます。ですから、自分の知的成長過程についても明らかにしておく必要があるのです。

　このように、大学情報、職業情報の収集、自己分析などをしっかりしておかないと、説得力のある志望理由書は書けません。その「理解」の段階が"U"なのです。

■"ULTRA"の"L"

　Logicとは、「論理づくり」です。

　これは、志望理由の論理を整える段階になります。「論理」とは、「論」（自分の考え）と「理」（理由、根拠）の組み合わせです。

　この場合、「この大学で、こういう学問を修めて、卒業後はこんな分野で活躍したい」という**志望理由**が「論」です。一方「理」とは、志望理由を抱いた背景です。「これこれこういう流れで、この学問（または職業）に興味を持ち、それにはこの大学に入ることが好都合だから」といった**知的好奇心を育み、将来展望を描いた過程**です。

　その論と理の結びつきをつくるのが、"L"の段階なのです。"U"、すなわち理解の段階で収集した情報を駆使します。

Part1 志望理由書・自己推薦書の攻略

過去・現在
「こんな出会い、事件があった。そしてこんな知的好奇心、問題意識を抱いてきた」

未来
「だから貴学・貴学部で学び、卒業後はこの道を歩みたい」

■ "ULTRA" の "TR"

　Trimming とは、「整理」という意味です。

　"L" の段階で考えた過程、論理を、文章としてまとめるために読みやすく整えるのです。**余計なことはカットして、加えるものは加え、体裁よくトリミングする**のが "TR" の段階です。

　なお、大学・学部から、「こういう形式で書いてくれ」と求められることもありますので、そういう条件に沿って構成を整えるのも、"TR" 段階で行う作業です。

　この章は、書き込み式になっていますので、「大学側の情報」や「自分の情報（将来設計、得意分野など）」など、志望理由を固めるうえで必要となる素材を整理し、そこから読者の皆さん一人一人のオリジナルな「志望理由書」を完成させてください。

■ "ULTRA" の "A"

　Action とは、「表現」です。

　大学側の細かい指示に沿って、実際に指定用紙に志望理由書を書き上

げる段階が"A"です。記述の内容や形式だけでなく、使用する筆記用具も指示される場合がありますので、十分に注意して書き込みましょう。

以上のような流れが、"ULTRA"です。

それぞれの段階で、行うべき作業が指示されますので、記入欄に書き込みながら、この世で一つしかない、あなただけの志望理由書を完成させていきましょう。

【ULTRA メソッドとは？】

・Understanding：大学、自分、社会を「理解」する（情報収集）
↓
・Logic：集めた情報から志望理由の「論理」をつくる
↓
・Trimming：読みやすい体裁へと「整理」する
↓
・Action：指定用紙に書き込む（「実行」段階）

Part1 志望理由書・自己推薦書の攻略

1. 理解(Understanding)

①アドミッション・ポリシーを理解する

　AO入試の「AO」とは、"Admissions Office"の略です。直訳すれば、admissionは、admit（許す）という動詞から派生した名詞ですから、AOは「許可事務所」です。

　なにを許可するのかといえば、それは「入学」です。つまり、詳しく訳せば、AOとは、「入学許可事務局」となります。

　AO、すなわち入学許可事務局に似ている存在として、大学には昔から「入試課」という部署があります。しかし、入学許可事務局と入試課の決定的なちがいは、「**AOは選抜機能を持っているが、入試課にはそれがない**」ということです。

　入試課では、大学の募集要項やパンフレットを配ったり、願書を受け付けたり、事務的な仕事はしますが、「選ぶ」「採用を決める」権限までは持っていないのです。志願者を選抜して入学許可を出すのは、あくまでも大学の教員ですから、入学許可事務局には、書類選考などの権限を持っている大学教員が所属しています。大学教員によって構成されているのがAOなのです。

　教科テストをするだけの一般入試が中心だった時代には、AOを組織する必要はありませんでした。教授会のなかに「入試問題作成部会」などの部隊が臨時に組織され、担当に選ばれた教員が、数回にわたって話し合い、出題者、採点基準などを決める程度だったのです。

　ところが、学力だけでなく、過去の活動実績や将来の展望など、志願者のキャラクターを多角的に評価する必要性を感じてきた大学は、入試の多様化を迫られます。そこで、臨時の部会ではなく、入学選抜・許可

に関する責任を一手に担う事務局を常設する必要が生じてきました。そうしてできたのが、AOなのです。

　とすると、すべての入学者選抜にAOが関わるはずですから、本来は「大学入試＝AO入試」と呼ぶべきです。しかし、日本の大学は、長年入学許可の専門部署を持たず、事務的に学科試験を課すだけの選抜形式を続けていたため、新しい入試をAO入試と呼ぶようになったのです。

　そうして、大学のAOには、入学志願者に対し、**「このような学生を求めます」「このような資質を持った学生の入学を許可します」**という方針を説明する責任が生じます。実際の選抜試験には、AO担当の教員だけでなく、多くの教員が関わりますから、その方針は、学内にも周知徹底させる必要があるのです。

　逆に、教員間で合意を得るような方針を、教授会などでも話し合って決める必要があります。その方針、つまり「入学許可の方針」がアドミッション・ポリシー（Admission Policy）です。

　それゆえ、それぞれの大学・学部には、独自の強みや目指す方向がありますから、大学・学部によって、入学選抜方針、すなわちアドミッション・ポリシーは異なります。

　提供する教育内容も、大学・学部によってさまざまです。それらのことは、事前にしっかり理解しておかなければなりません。

　なぜなら、**大学・学部の方針、教育内容に対する理解が足りないと、それに合った志望理由がまとまらず、合格を勝ち取ることができない**からです。それに、もし合格しても、入学後、「私には合わない」などと気づくことになってしまいます。

　ですから、まず、入試の準備に取りかかる段階で、志望学部のアドミ

Part1 志望理由書・自己推薦書の攻略

ッション・ポリシー、教育内容に関する情報を念入りに収集しましょう。情報収集には、次のような手段があります。

> a. 募集要項、パンフレットなどの印刷物を読む
> b. ホームページを見る
> c. 大学に直接訪れて話を聞く
> 　・オープンキャンパスに参加する
> 　・個別に訪れる
> d. 大学の合同説明会で話を聞く
> e. 高校での説明会で話を聞く

　なお、個別に大学を訪問する場合は、電話やメールで事前に連絡をしておいたほうがいいでしょう。
　bの「ホームページを見る」ことに関しては、すべての大学のホームページをまとめているポータルサイト（玄関）というものがたくさんありますので、それを利用すると便利です。また、なかには、そのまま大学の募集要項やパンフレットを取り寄せられるサイトもありますので、利用すると便利です。代表的なサイトとしては、受験生援護センターの「進学の森」があります。

　　　　・「進学の森」URL
　　　　　http://www.ks-engo.jp/　（パソコン用）
　　　　　http://www.ks-engo.jp/m　（携帯電話用）

　dの「大学の合同説明会」とは、日本武道館などの大きな会場に大学のAOや入試課の担当者が集まり、個々の受験生の相談にのってくれる

催事です。私は毎年、フジテレビ系列の全国の放送局がバックアップしている「大学フェア」というイベントで、「AO推薦入試合格の秘訣」という講演を行っていますが、たくさんの大学と直接対話をする機会として、受験生にも参加を勧めています。

・「大学フェア」URL
http://www.daigaku-fair.jp/

　集める情報としては、アドミッション・ポリシーのほかにも、以下のようなものがあります。必ずチェックしておきましょう。

・**環境や設備などのハードウエア**：大学を取り巻く環境（自然環境、社会環境……）、施設・設備（図書館、パソコンルーム、研究室、運動場、寮……）など、自分が送りたい学生生活とどう合うか、その魅力を探ります。

・**カリキュラムや理念、制度などのソフトウエア**：必修科目、選択科目、ゼミナールなどのカリキュラム、建学精神、教育理念、TA制度やOH制度などのフォロー体制、留学制度、インターンシップ紹介制度、大学院への進学指導、就職支援活動などを探ります。
　TA（Teaching Assistant）……補習をしてくれる大学院生など
　OH（Office Hour）……講義、ゼミナールを担当する教員の質問時間
　インターンシップ……企業、公共団体などでの一時的な就業体験。学習なので時給は出ないが、就職のきっかけなどになる

・**教員、在学生、卒業生などのヒューマンウエア**：どんな分野を研究し

Part1 志望理由書・自己推薦書の攻略

ている研究者がいるか、自分の出身高校、出身地と同じ先輩はいるか、就職先や進学先はどうかなどを探ります。

これらの情報を、前に示した「印刷物を読む」、「ホームページを見る」、「説明会などに参加して話を聞く」などの手段によって集めるのです。これらの情報を整理するには、次のページの図1－①－1を活用してください。記入例は図1－①－2にあります。

【UTLRA メソッド・その1（理解—志望大学・学部情報）】

・情報を手に入れる手段を探す

「進路指導室にあった進学情報誌に志望校の資料請求ハガキがあったので、それでパンフレットを請求した」
「インターネットで志望校を検索し、大学のホームページから資料請求できた」

↓

・知るべき情報を探す

「求める生徒は……か。どんな人たちが、どんな体制で教育してくれるのかというと……」

↓

・調べたことを順次、図1－①－1に記入していく

図1－①－1　志望校の情報

求める生徒像	・どんな能力を持った生徒が欲しいか（成績・資格・活動実績など）：
	・どんな性格の生徒が欲しいか：
	・どんな意欲・将来展望を持った生徒が欲しいか：
	・その他の期待：
教育の特徴	・環境：
	・建学精神・教育理念：
	・施設・設備（図書館、パソコンルーム、研究室、寮など）：
	・教育スタッフ（講義担当者、個別指導担当者など）：
	・教育カリキュラム（学べる科目、履修方法、時間割、留学制度など）：
	・就職指導・進学指導：
在学生 卒業生	・在学生の出身：
	・卒業生の進路：

大学が公表する情報から上の項目を探り出しましょう。すべての項目を埋める必要はありませんが、できるだけ多くの情報を探りましょう。大学も「ココを見てほしい」と考えて情報を提供していますので、それを指摘すれば「本学をよく研究しているな」と好反応が生まれるのです。

Part1 志望理由書・自己推薦書の攻略

図1-①-2　志望校の情報（記入例）

求める生徒像	・どんな能力を持った生徒が欲しいか（成績・資格・活動実績など）： 「高校卒業後1年以内の者」「全体の評定平均値が5段階で3.5以上の者」
	・どんな性格の生徒が欲しいか： 「探究心旺盛な生徒」
	・どんな意欲・将来展望を持った生徒が欲しいか： 「環境保護や動植物に関心を持ち、社会に貢献しようとする者」
	・その他の期待： 「課外活動で実績を証明できるものがあれば望ましい」
教育の特徴	・環境：「自然環境に恵まれ、動植物観察にも適している」
	・建学精神・教育理念： 「広く社会に貢献できる知識人を養成するために建学」
	・施設・設備（図書館、パソコンルーム、研究室、寮など）： 「学生証さえあれば入館できる図書館、パソコンルームあり」
	・教育スタッフ（講義担当者、個別指導担当者など）：「個別補習をティーチング・アシスタント（TA）が担当する制度あり」
	・教育カリキュラム（学べる科目、履修方法、時間割、留学制度など）： 「1～2年で一般教養科目を履修、3年以降に環境学についての専門科目と演習がある」「海外の大学で取得した単位も認定される制度あり。提携先は7校」
	・就職指導・進学指導：「就職課にキャリアコンサルタントが常駐し、就職相談を受けられる。3年時に企業で実際に短期就労できるインターンシップも積極的に紹介している」
在学生 卒業生	・在学生の出身：　「同じ高校の先輩が各学年に2人～3人いる」
	・卒業生の進路：「就職率は約75％。そのほかは、大学院への進学、資格試験のための浪人など」

※志望校の情報を図1-①-1の表の形でまとめた記入例です。すべての欄に書き込まれていますが、必要な情報だけを記入すればいいでしょう。

②自分自身を理解する

　志望理由書には、「私が○○大学○○学部を志望する理由」を書きます。さらに詳しくいえば、「私は○○を学び、将来は○○という道に進みたいから○○大学○○学部を志望する」という理由を書くのです。

　読む側（大学の教員）は、「なぜ○○さんはこの大学のこの学部に入りたいのだろうか」「○○さんはうちの大学のこの学部でなにを学びたいのだろうか。将来どういう道に進みたいから、ここを選んだのだろうか」といった問題意識を持っています。

　ゆえに、あなたという人物のことを知りたがっているのです。そして、**あなたとその大学の学部が果たしてよく結びつくか、しっかりした接点はあるか**を考えるわけです。

　ですから、志望理由書を書くには、大学のアドミッション・ポリシー、教育内容を理解するだけでなく、「自分自身を理解する」ことも重要なのです。

■関連する過去の体験の整理

　あなたは、現在さまざまな選択肢のなかから「○○大学○○学部に入りたい」という願望を抱いていますね。では、なぜそう望んでいるのでしょうか。

　人のこころをのぞくことはできませんが、私たちが目の前の複数の道から１つを選ぶときは、「これがやりたい」といった興味や、「これはうまくできる」といった能力や、「人生はこうあるべきだ」といった価値観が関わっています。

　なぜ、そうした興味、能力、価値観が形成されたのでしょう。１つの説明として、幼いときからあることをすると、ほめられ、徐々にそれが「好き」になり、やがて「できる」、「こだわる」ようになるという考えがあ

Part1 志望理由書・自己推薦書の攻略

ります。心理学では、これを「強化」と呼びます。
　なお、ほめられて、そのことがますます好きになることを「正の強化」といい、逆に、あることについて、けなされたり、しかられたりして、そのことが嫌いになることを「負の強化」といいます。

　すると、**今あなたが「入りたい」と思っている大学学部と、あなたの興味、能力、価値観とは密接な関係がある**と考えられます。そこで、今志望している大学・学部と自分の過去の体験とのつながりを思い出してみましょう。
　いきなり「志望大学学部に関連する過去の体験を思い浮かべてください」といわれても、戸惑うかもしれません。とくに若いころは、いちいち意識的に過去を確認しながら現在を生きているわけではないからです。つまり、あらためて人生を振り返ることに「慣れていない」のです。
　まず、**自分の過去の体験を整理する**作業から始めましょう。人生で次のステージに進むとき、こうした過去の整理はとても重要です。自分は今までどんな経験を積み重ねてきたのか、振り返ってみるのです。
　それには、次々ページの図１－①－３が役立ちます。

【ULTRAメソッド・その2（理解―体験整理）】

・志望校で学びたいことを確認する

（例）
「自然や環境保護についての話題には関心がある。どちらかといえば、理科とくに生物が得意。一方的に人間が自然を破壊するのはよくないと思っている。そこで、○○学部で環境保護に関連することを学びたい」

↓

・時期、場所を定めて、現在の関心が生まれたきっかけを探る

（例）
「高校に入ってから学校生活で環境保護についての関心が生まれたきっかけには、なにがあるだろう」

↓

・直接体験や間接体験に分けてみる

（例）
「自分自身で体験したこととしては、そうだ、今年から環境委員として、学校の花壇の手入れなどを担当している。学習したことでは、生物で習った絶滅種の話も印象に残っている」

↓

・思いついたことを順次、図1―①―3に記入していく

Part1 志望理由書・自己推薦書の攻略

図1-①-3　過去の体験の整理

		家庭での生活	地域での生活	学校での生活
高校時代	直接体験			
	間接体験			
中学校時代	直接体験			
	間接体験			
小学校時代以前	直接体験			
	間接体験			

ココでカセぐ!!

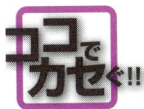

次のページの解説をよく読んで、上の図に「大学で学びたいこと」と関連する「過去の体験」を整理してみましょう。志望理由と結びついた過去の人生での体験は、「この大学・学部で学びたい」という熱意の証拠になります。象徴的なエピソードを盛り込めば、「もっと話を聞いてみたい」と、教員は興味をそそられます。すべてのマス目を埋める必要はありませんが、できるかぎり多くのことを思い出し、記入しましょう。

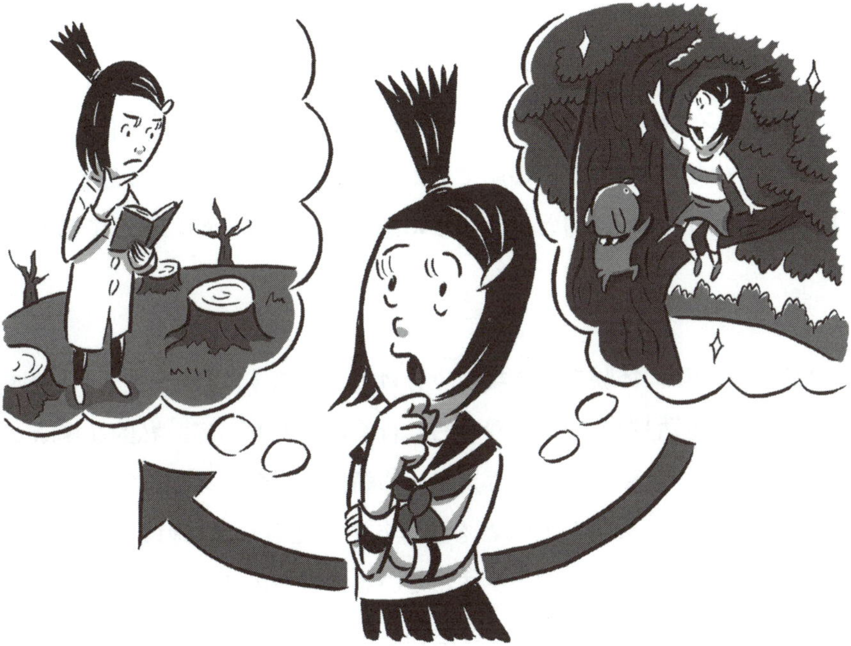

Part1 志望理由書・自己推薦書の攻略

■**過去の体験の整理方法**

　では、図1-①-3のまとめ方について説明します。図は、表になっていて、実線で9個のマス目に分けられています。そして、それぞれのマス目が点線でさらに2つに分かれています。これらのマスのなかに、**「志望校で学びたいこと」と関連するあなたの過去の体験を整理する**のです。

　まず、マス目の縦軸は、体験をした時期、すなわち「高校時代」「中学校時代」「小学校時代以前」の順で分かれています。上から「少し前」「もう少し前」「ずいぶん前」というように思い出しやすい順に並べてあります。

　次に、横軸は、体験をした場所で分けてあります。「家庭生活」「地域生活」「学校生活」などと、左から右に行くにしたがって、私的な場所から公的な場所へと変わっていきます。「家庭生活」のマス目には、家族や親戚との集まりで体験したことを整理してください。「地域生活」には、家庭からは少し離れて、自分が住んでいる地域での活動を入れてください。「学校生活」では、学校内での活動をまとめてみましょう。なお、遠足や修学旅行など、学外に出かける活動もここにまとめてください。

　それぞれのマス目は、さらに「直接体験」と「間接体験」で分けられています。「直接体験」とは、自分自身が体験したことです。一方、「間接体験」とは、他者が体験したことを見たり、聞いたり、読んだりした体験です。本、新聞、雑誌などで読んだり、テレビや映画で見たりしたこともここに含みます。

なぜ、このように細かくマス目を分けて整理するかというと、**漠然と過去の体験を思い出そうとするよりも、時間や場所を限ったほうが、記憶を取り戻しやすい**からです。「ほめられた体験を話してください」と問われても雲をつかむような話ですが、「高校1年のときに、学校でほめられた体験があれば話してください」と問われたほうが、思い出しやすいでしょう。

　例えば、次のように考えて、記憶をよみがえらせます。

「私は今、環境問題に関心があるが、どんな過去の経験が影響しているのだろう。まず、家での生活で思い出してみよう。ここ数年間、そうか、中学に進んでから、私が家のゴミ捨て係になって、分別などで苦労したな。では、もっと前はどうか。そういえば、小学校のころ地域の子ども会で、近所の川のゴミ拾いをやった。こんな汚い川から飲料水を採っていると知って、気持ちが悪くなった。学校生活ではどうか。高校や中学で環境問題に関心を持つきっかけはあっただろうか。そうだ、高校1年のとき、地球上の絶滅した生物について学んだが、これ以上環境破壊が進むと、もっと多くの生物が絶滅すると聞いて怖くなった……」

　このように各マス目に入れるべき項目が思い浮かんだ例を、次のページの図1－①－4に示しますので、参考にしてください。

Part1 志望理由書・自己推薦書の攻略

図1-①-4　過去の体験の整理（記入例）

		家庭での生活	地域での生活	学校での生活
高校時代	直接体験	家庭での「ゴミ出し係」を継続して担当している。	ゴミの出し方を守っていない人のことがよく目につく。見るたびに腹が立つ。	高校3年になって「環境委員」になった。学校内の美化や花壇の手入れを担当している。
	間接体験	最近、環境問題の本を読み始めた。	近所のおばさんが、ゴミの出し方を守っていない人に文句を言っていた。	生物で「地球の生物の歴史」を学び、実に多くの生き物が絶滅してきたかを知った。また、ここ数十年の環境破壊によっても絶滅種が増えると聞いて責任感を感じた。
中学校時代	直接体験	家庭内の役割として、「ゴミ出し係」を任される。「リサイクルできるもの」と「できないもの」に分別するのが大変だった。	親と一緒に、地域の自治会のゴミ分別についての説明会に参加した。	修学旅行で行った北海道で「あるがままの自然」を見て、偉大だと思った。
	間接体験	自然や動物に関連したテレビ番組をよく見た。	「健康のために山歩きをしてきた」と言って、近所のおばさんがよく山菜やきのこを持ってきてくれた。	社会の教科書で環境問題が取り上げられていたが、そのときはあまり真剣に興味は持たなかった。

小学校時代以前	直接体験	父に連れられ、池や小川に遊びに行って、おたまじゃくしを取ったりした。今ではあの池は埋め立てられてしまった。	近所の川でのゴミ拾いのボランティアに参加した。リーダーが「ここから取った水が皆さんの家庭に行っています」と聞いて驚いた。	小学校でも定期的に学校の周りのゴミ拾いをした。
	間接体験	小学校低学年のころは、家にあった「動物図鑑」や「植物図鑑」をよく見た。	放課後、近くの図書館に立ち寄って、家にある図鑑よりも詳しいものを探して、読んだことがある。	低学年のころ、国語の教科書で「海の汚染」で魚が困っている物語を読んだ。

※現在「環境問題」に関心を持っている生徒が、「なぜ私は環境問題に興味を持っているのか」を探るために、「過去の体験」を図1−①−3の表に整理した事例です。すべてのマス目が埋まっていますが、実際には全マス目を埋める必要はなく、思い出せる範囲で記入しましょう。

Part1 志望理由書・自己推薦書の攻略

③大学での学問を理解する

　志望理由書や自己推薦書には、「大学で学びたいこと」（近未来）や「大学卒業後に進みたい道」（遠未来）について記述することが求められます。それゆえ、**大学ではどのようなことが学べるのか、卒業後にはどのような進路（就職、大学院への進学）があるのかといったことを事前に理解しておく必要**があります。そこで、大学での学問について、最低限知っておくべきことを説明しておきましょう。

　ほとんどの大学は、１年～２年を一般教養課程、３年～４年を専門課程と位置づけています。そして、各課程で得た知識を基に、「学士論文（卒業論文）」を作成します。

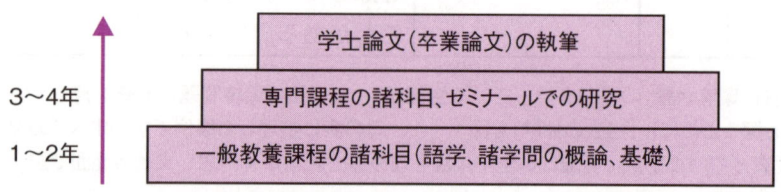

　なお、学士論文執筆の過程で教官から指導を受ける場が、「ゼミナール」（または「研究室」、「研究会」）です。

　では、大学が提示しているカリキュラムを参考にして、「学びたいこと」と結びつく科目を、図１－①－５に整理していきましょう。その際、図１－①－６の具体例を参考にしてもかまいません。

【ULTRA メソッド・その3（理解—学問情報の整理）】

・学びたいこと（問題意識）の確認
「○○学部で……について学びたい（……という問題の解決策を探りたい）」
↓
・自分の問題意識と近い研究者（大学教員）を探す
「私の問題意識と近い研究をしているのは、……指導を受けたい」
↓
・役に立ちそうな専門科目を探す
「専門科目では、……を履修して、……学士論文に必要な知識を得たい」
↓
・役に立ちそうな一般教養科目を探す
「一般教養科目では、……を学んで、……の理解に役立てたい」
↓
・他学部にも役立ちそうな科目があれば探す
「○○学部の……も役立ちそうだな……」
↓
・調べたことを順次、図1－①－5に記入していく

Part1 志望理由書・自己推薦書の攻略

図1-①-5　大学での学問の理解

大学で学びたいこと (学士論文の仮テーマ)		
	具体的科目名	目的・得たい知識
専門課程		
一般教養課程		
他学部の科目		

図1−①−6　大学での学問の理解

大学で学びたいこと (学士論文の仮テーマ)		環境保護、とくに水質保全
	具体的科目名	目的・得たい知識
専門課程	水質汚染学	水質汚染の進行について具体的に知りたい
	水棲生物学	汚染に弱い水棲生物、強い水棲生物などを知りたい
	水棲微生物学	水中の微生物の役割について知りたい
	環境保全学	環境保全のルールについて知りたい
	環境衛生学ほか	環境汚染が生活に与える影響を知りたい
一般教養課程	英語	海外の文献を読むため、海外で取材をするため
	フランス語	カナダのケベック州の大学に交換留学に行くため
	生態学	さまざまな生態系モデルを知るため
	生物学	さまざまな生物種の知識を得るため
	化学	環境汚染物質の特徴を知るため
	地質学	水質浄化の土壌を理解したい
	体育(ウォーキング)	水源調査などで歩くため、足腰を鍛えたい
	環境保全学概論ほか	専門課程のための準備
他学部の科目	開発経済学	貧富の差と水質汚染の関係を知りたい
	病原微生物学	水質汚染と感染症の関係を知りたい
	高分子化学	環境汚染の進行を分子レベルで知りたい
	環境法学ほか	外国の環境保護法の実態を知りたい

Part1 志望理由書・自己推薦書の攻略

④「社会のしくみ」と「社会が求める人材」を理解する

　大学での学問を理解したら、大学卒業後の展望についても理解しましょう。世の中にはどのような仕事があるのか、調べる方法はたくさんあります。

　例えば、厚生労働省の関係機関の中に「労働政策研究研修機構」という研究所がありますが、ここでは、青少年でもわかりやすく職業を検索できる「キャリアマトリックス」というシステムがあります。

　パソコンからインターネットで以下のＵＲＬに接続すると、そのトップページが現れますが、ここから社会にあるさまざまな仕事が検索できるのです。さらに、自分の職業興味などもチェックすることができ、そこから「適職探し」もできます。

　　　　　　・「キャリアマトリックス」ＵＲＬ
　　　　　　http://cmx.vrsys.net/TOP/

　また、仕事についての基礎知識として「**どんな職場があるか（業種）**」、「**どんな役割があるか（職種）**」という２つの判断基準を知っていると、具体的な仕事を想定することができます。

　図１−①−７（業種）と１−①−８（職種）を参照してください。さまざまな職場（業種）、役割（職種）があることがわかります。このなかから興味のあるものをピックアップして、いくつでもかまいませんから図１−①−９に書き込んでいくのです。すると、「こういう職場でこういう役割の仕事がしたい」といった展望が見えてきます。

　具体的な記入例を図１−①−10として示しておきましたので、こちらも参考にしながらまとめてみてください。

【UTLRA メソッド・その 4（理解―業種と職種から将来を展望する）】

・興味ある業種の選択
「こんな業界、業種はおもしろそうだな……」
↓
・興味ある職種の選択
「こんな役割、職種はおもしろそうだな……」
↓
・業種と職種の組み合わせから「就きたい仕事」を探る
「こういう業種でこういう職種として働いてみたい」

Part1 志望理由書・自己推薦書の攻略

図1-①-7 大学卒業後の進路(業種)

【第1次産業】自然を相手とする仕事。農産物、畜産物、水産資源や鉱物など、「ものを自然から採取する」仕事。	農業・畜産業	
	林業・鉱業	
	その他	
【第2次産業】天然資源を加工して「ものをつくる」仕事。一般に「製造業」、「メーカー」などと呼ばれる。	エネルギー、鉄鋼、建材、製紙、服飾、食品、薬品、化学品などの製造業	
【第3次産業】ものをつくるのではなく「サービスを提供する」仕事。「ものを運ぶ」「ものを売る」「ものを貸す」「家を建てる」「土地や家を売る」「土地や家を貸す」「情報や知識を売る」「お金を融通する」「他の産業を補助する」などの仕事。※日本の労働者の半数以上は第3次産業に従事している。	運送業・輸送業	鉄道、航空、海運、宅配業者など
	卸売業(商社)	輸出入商社、家具専門商社など
	小売業	デパート、スーパー、コンビニなど
	外食	ファーストフード、ファミレスなど
	建設業・不動産業	総合建設業、不動産仲介業など
	情報・教育産業	放送、マスコミ、ソフト開発、塾など
	金融業	銀行、証券、保険など
	各種国家資格	弁護士、会計士、医師、看護師など
	公務員	国家公務員、地方公務員など
	その他	福祉、人材派遣業など

※大学の就職先業界などを見る際の参考にしましょう。さらにこうした業種にどんな企業があるかは、新聞や会社情報誌を見ると役立ちます。

図1-①-8　大学卒業後の進路(職種)

職種	仕事の内容
仕入・調達	原料や商品の仕入れ、必要な物資の調達をします。卸売業や小売業では、バイヤーなどとも呼ばれます。
企画・開発	新製品の研究開発、新サービスの企画などを担当します。専門知識や豊富な経験が求められます。
製造・制作	製品の製造、提供するサービスの制作を担当します。
営業・販売	製品やサービスを顧客に向けて普及する仕事を担当します。
保守・整備	顧客に提供している製品やサービスを維持します。
経理・財務	会社のお金の流れを計算したり、余ったお金を管理したりします。簿記などの資格が求められます。
人事・総務	新入社員の採用や教育、社員の評価などを担当します。
広告・広報	会社の情報を顧客や株主やマスコミに知らせる仕事をします。
経営・管理	会社が進む方向を定め、司令塔になって指示を出したり、管理をしたりします。専門知識や豊富な経験が求められます。
その他	上記以外の仕事を発見したら、書き込んでおきましょう

※この職種のなかから興味あるものと大学で学ぶことが関連づけられます。

Part1 志望理由書・自己推薦書の攻略

図1−①−9　業種と職種から「就きたい仕事」を考える

	就きたい業種(職場)				
就きたい職種					

ココでカセぐ!!

「こんな職場で働きたい」と説明するだけでは、「その職場でどんな仕事に携わりたいのか」があいまいなままです。また、「こんな職種として働きたい」と説明するだけでも、「どこでその職種に就きたいのか」が不透明です。

そこで、上のようなマトリクスに書き込んでいくと、仕事のシーンが具体的に明らかになってきます。

図1−①−10　業種と職種から「就きたい仕事」を考える（記入例）

		就きたい業種（職場）		
		化学品メーカー	研究所	大学
就きたい職種	研究開発職	化学品メーカーで「環境にやさしい製品」をつくったり、「環境に汚染物質を流さないシステム」をつくったりする	民間企業か公的機関の研究所に勤務して、環境汚染について研究する	大学に残って研究者の道を歩み、独自の研究成果を論文として発表していく
	保守整備職	化学品メーカーで「環境汚染物質を出さない工場管理を維持していく	研究所に任された仕事（調査、分析、レポートなど）を日々こなしていく	任された講座や受託した研究をこなしていく
	営業販売職	化学品メーカーで「環境にやさしい製品」や「環境に汚染物質を流さないシステム」を社会に広める	研究所の仕事を獲得するために営業を展開する	学生を募集したり、民間企業から共同研究の仕事をとってきたりする

※環境保護に関係する仕事についても、さまざまな業界にさまざまな職種があることがわかります。それらをただ漠然と頭に描いているだけでなく、このように具体化してみると「こうした仕事に就くために必要なことはなにか」といった、今後の努力目標が開けてくるのです。

2. 論理づくり（Logic）

①自分の問題意識と学問とのマッチングを探る

　合格者の志望理由書や自己推薦書には、しっかりした「論理」があります。論理とは、その字が示すとおり、「論」と「理」がそろっている話の流れ、説明のことです。「論」はその人の考えや主張を意味し、「理」はその考えが生まれる理由、根拠を意味します。

　ですから、論理的な志望理由書、自己推薦書をまとめるには、**「この大学・学部でこういうことを学び、将来はこういう道に進みたい」という主張に対して、「なぜなら、……だから」という根拠をしっかり示す必要**があります。根拠の部分は、U（理解）の段階でまとめた体験を参考にしてまとめます。

　ただし、そこでまとめた体験をすべて盛り込まなくてもいいでしょう。書き出してみると、自分の過去にはさまざまな体験があったことに気づくはずです。

　しかし、そのなかには大学での学びとはあまり関係ないものもあるでしょう。そうした体験はあえて入れず、**話の流れが大学で学ぶ意欲に自然とつながる要素を拾っていく**のです。そして、それらをまとめ、「今まで抱いてきた問題意識」をはっきりさせていきます。

　例えば、図1－①－4の記入例を参考にすると、次のような素材を拾っていけば、「環境保護に対する問題意識の高さ」を示すことができます。

a. 環境破壊による生物の絶滅への危機感（高校時代）
b. 環境委員としての環境整備活動（高校時代）
c. ゴミ分別の実施（中学時代から）

d. 修学旅行で感じた自然の恩恵（中学時代）
e. 川掃除のボランティア（小学校時代）

　このような一連の体験を整理すると、自分自身を次のような問題意識を持った生徒としてアピールすることができます。

「私は、小学生時代のボランティア活動から、環境破壊が人間自身に及ぼす悪い影響について問題意識を持ち続けてきた。そうした問題意識が、家庭でゴミの分別係を担当したり、高校で環境委員を務めたりする活動につながった。また、中学時代は修学旅行で北海道を訪れ、自然は人間にとって非常に大きな財産であり、これを人類自身の環境破壊によって絶滅させてはならないと感じるようになった。こうした危機感もあり、環境保護について学べる大学への進学を考えた」

　なお、こうした考えをまとめるために、次のページの図1－②－1を活用してください。まず、図1－①－3で記入した内容から使えるものを選び、その後、その延長線上にある問題意識を探るのです。

Part1 志望理由書・自己推薦書の攻略

【UTLRA メソッド・その５（論理—集めた情報の取捨選択）】

「論理づくり」の手順

- 論：志望理由
- 理：志望理由が生まれた背景（過去の体験など）

・体験の一覧を見る
「どんな体験があるか」「学部の学問とは関係があるか」
↓

・一貫性ある体験を探す
「関係があるものは」「○○の点でつながる」
↓

・取捨選択する
「この体験は使える」「この体験は使わない」
↓

・問題意識をまとめる
「○○は問題だ」「○○を解決したい」
↓

・志望理由
「○○を学びたい」「○○の道に進みたい」

図1－②－1　問題意識のまとめ

過去の体験の整理	
問題意識	

ココでカセぐ!!

　図1－①－3でまとめた「過去の体験」について、大学で学びたいことと結びつきが強く、一本の線でつながっていそうなもの（一貫性のある体験）を選んでいきます。そして、そのような体験から生まれてきた問題意識をまとめます。

　「問題意識」とは、「これは問題だ（問題発見）。なんとかしなければならない（問題解決）」と思う強い気持ちです。

　私は、自分自身でも大学で講座を担当していますし、複数の学会にも所属しています。それゆえ、さまざまな大学の教員と交流を持っていますが、「採用のポイントはなにか」と尋ねると、同じように「問題意識の高さだよ」という答えが返ってきます。

Part1 志望理由書・自己推薦書の攻略

　過去の体験から、自分が現在抱いている問題意識をまとめます。こうした問題意識を訴えられれば、志望理由書や自己推薦書を読む教員も、「だから大学に入って専門的な学問を学びたいのか」と納得してくれ、合格にまた一歩近づきます。

　しかし、ここで注意しなければならないのは、自分の問題意識と大学での学びの結びつきです。U（理解）の段階でまとめた**大学の情報と自分の問題意識をすり合わせる必要**があります。せっかく確かな問題意識がまとまっても、志望校での学びとはあまり関係がなかったら、教員の納得は得られません。逆に「なぜこの大学に来るの？」と疑われます。

　問題意識と学びが大きく矛盾せずにつながっていれば、さらに具体的に「学びたいこと」を絞りましょう。先の事例では、「環境問題」についての問題意識を例として挙げましたが、これだけでは、絞り込みが不十分です。もっと細かく、その学部の教育カリキュラムと結びつけて述べる必要があります。

　例えば、「貴学部では実際の自然観察を通じて生態学を学べる。そうした観察も通じて、環境破壊がどれくらい進み、それが人類にどういう影響を与えるのかを明らかにしたい」などと絞り込むのです。

図1-②-1でまとめた問題意識と図1-①-1でまとめた大学の情報とが、あまり結びついていない場合は、考えて結びつける工夫をしましょう。そもそも、自分の問題意識と関係ない学部は志望学部にならないのでしょうが、「指定校の枠があって応募したい」という場合や、「大学の雰囲気に憧れた」などという場合もあります。

　そのようなケースでは、あれこれと考えをめぐらせて、なんとか**問題意識と大学での学びの接点を見つけましょう**。例えば、環境問題に関心があり、法学部を受ける場合などは、「環境保護を実現するために法律がどれだけ役立っているのかを調べたい」といった接点を探します。経済学部や商学部、経営学部なら、「企業活動ではどれだけ環境保護の対策が考えられているか調べたい」などと関連づけられます。

　こうして、「大学で学びたいこと（論）」とストレートに結びつく「問題意識（理）」を探ることが、L（論理づくり）の段階で、第一にすべきことなのです。

【ULTRAメソッド・その6（論理—問題意識と学問をつなぐ）】

・問題意識の明確化
「○○が問題だ」「○○を解決したい」
↓
・学問とのすり合わせ
「なにが学べるのか」「問題意識との関連は」
↓
・「学び」の絞り込み
「○○（学問）の点から◎◎（問題意識）について学びたい」
「◎◎の問題の解決策を○○という学問分野から考えていきたい」

②自分の資質と社会とのマッチングを探る

　「大学での専攻、学びたい学問」が具体的に決まってきたら、「卒業後に進みたい道」についてもまとめておきましょう。「まだ大学に入学してもいないのに」と思うかもしれませんが、大学は、人生のゴールではありません。大学卒業後には、今までの人生よりもはるかに長く重い年月が待っているのです。そのことにしっかりとした展望を持っていれば、大学生活にも身が入ります。目的意識がはっきりしている学生ほど、学問にも、その他の活動にも真剣に取り組んでいます。

　また、現在の日本社会では、かつてよりも**「大学卒業後のビジョン」を持つことが、個人にとって非常に重要な問題**となっています。高度経済成長も終わり、「考える機械」であるコンピュータが普及した20世紀末からは、求人も減ってきました。「決まりきった仕事をこなす人手としての人材」は、あまり必要なくなってきたのです。それゆえ、大学に入学しても、しっかりした目標意識がないと就職試験を乗り越えることができず、フリーターやニートになってしまいます。

　大学の教員もそれを心配しており、AO推薦入試でも、書類審査や面接で卒業後の展望がよく問われるのです。問題意識、目的意識を持って大学に入学すれば、学生時代、なにかに打ち込めます。打ち込むものがあれば、それが強みとなり、就職やその後のキャリアデザインにも力を発揮するのです。

　なお、大学卒業後の進路については、U（理解）の段階で調べたことを参考にしてください。これ以外にも、大学のパンフレットの就職先やインターネット上にある公的機関、民間団体のホームページも参考になりますので、それらの情報をもとに図１－②－２に記入していきましょう。

【ULTRA メソッド・その7（論理—問題意識と仕事をつなぐ）】

・問題意識の確認
「○○が問題だ」「○○を解決したい」
↓
・「業種」の理解
「どんな場があるか」
↓
・「職種」の理解
「どんな役割があるか」
↓
・「卒業後進路」の探索
「大学卒業後はこんな方向に進みたい」

Part1 志望理由書・自己推薦書の攻略

図1-②-2　将来展望の絞り込み

問題意識	※どんな問題に関心を持ってきたか	
学びとの関連づけ	主専攻	※学部・学科で中心的に学びたいこととの関連づけ
	その他	※主専攻ではないが、自分の問題意識と関連がある補助的な科目
卒業後の展望	業種	※どんな業界で働きたいか
	職種	※組織のなかでどんな役割を演じたいか

ココでカセぐ!!

　U（理解）の段階で整理してきた情報（自分の過去の体験、大学での学問、社会での仕事）を確認し、次のページの記入例（図1－②－3）を参考にして、「問題意識」と「大学で学べること」とを照らし合わせ、「学びたいこと」「進みたい道」を絞り込みましょう。

　「学びとの関連づけ」では、学部で主に専攻したいことだけでなく、一般教養や語学などもあわせて書いておくと「入りたい」という気持ちを強く訴えられます。また、「卒業後の展望」は、わかる範囲で書けばいいでしょう。現在の段階での「夢」を述べればよいのです。

　もしかしたら、大学に入って夢は変わるかもしれませんが、そんなことは教員もわかっています。大切なのは「将来に向けて夢を描く」過程なのです。今、夢を描けるのなら、もっと多くのことを学び、情報を仕入れれば、もっと素晴らしい夢、現実的な夢が描けるかもしれません。そうした前向きな考え方が評価されるのです。

　暫定的にでもいいから「私はこの方向に進むのだ」という結論を出す能力、決める力、いわば「仮説構築力」、「決定力」が評価されるのです。

　逆に、「いつか夢を持てる時期が来るさ」などとのん気に構えている人は、同じことを大学卒業のときもつぶやいているでしょう。そして、アッという間に時が過ぎて、気づいたら大人になっていて「こんな仕事やりたくないなぁ」などとグチをこぼしているのです。志望理由をまとめることをキッカケとして、夢を持つ習慣を身につけましょう。

　私は、厚生労働省が指定しているキャリアコンサルタントとして、さまざまな大学で就職相談を受けてきましたが、この仮説構築力、決定力を養成して来なかった大学生は、希望業界、希望会社が定まらず、就職活動でも苦労しています。

図1−②−3　将来展望の絞り込み（記入例）

問題意識		※どんな問題に関心を持ってきたか 「これまでどおり自然からたくさんの恵みを得るため、そして人類自身の未来を閉ざさないために、環境保護が必要だ」
学びとの関連づけ	主専攻	※学部・学科で中心的に学びたいこととの関連づけ 「生態学を学び、地球の生態系を保つ条件などを学びたい。現在人類の環境破壊のせいでどれくらいの生態系が破壊されているのか、実態を探りたい。とくに川の汚染には関心があるので、水質保全学を専攻したい。そして、汚染された川の水を浄化する方法、川の汚染を防ぐ方法について、自分なりに探りたい。また、毎年役所から依頼される水質調査のアルバイトにはぜひ参加してみたい」
	その他	※主専攻ではないが、自分の問題意識と関連がある補助的な科目 「川の生態系の調査や汚染物質についての理解を深めるため、一般教養科目で水棲生物論や高分子化学を履修したい。また、水質調査・管理が進んでいるカナダの提携先大学で交換留学生として学びたいので、英語力も鍛えたい」
卒業後の展望	業種	※どんな業界で働きたいか 「環境保護に関連した業界で働きたい。今わかっている範囲では、国家公務員や地方公務員がある。また、国や都道府県、市町村の依頼を受けて環境汚染を調査する会社もあるので、在学中に調べたい。今、環境教育が注目されているため、教員の立場から環境保護を訴えてもいい。環境に優しい製品をつくることも大切なので、化学品、薬品、食品などのメーカーで働くことも考えたい」
	職種	※組織のなかでどんな役割を演じたいか 「今考えられるのは、調査員とか研究員のような専門職だ。ただし、大学で学んだことを活かせる道がほかにもあるのなら、それらの職種にこだわらず前向きに探していきたい」

ココでカセぐぞ!!

　「学びとの関連づけ」で述べた「水質保全学」、「水棲生物論」、「高分子化学」などの科目の情報は、大学のパンフレット、ホームページなどに詳しく書いてあります。U（理解）の「大学での学問の理解」で調べた成果、興味を持った分野について具体的に書きましょう。これによって、書類を読んだ大学教員は「本学部をしっかり研究しているな」と認めてくれます。

　また、「卒業後の展望」についても、U（理解）の「『社会のしくみ』と『社会が求める人材』」を参考にして、具体的に書きましょう。なお、卒業生の進路についての大学の広報を見ると、「公務員……％、民間調査会社……％、教員……％、製造業……％」などと書いてあります。それらも参考にすれば、より現実的な将来設計がまとまります。

　さらに詳しいことは、まず「〇〇水質研究所」「〇〇化学」「〇〇製薬」「〇〇食品」という具体的な就職先企業名から推測できます。具体的な職種については、そうした企業のホームページなどに説明がありますから、参考にしましょう。企業サイトには、「当社に入社をお考えの方へ」や「採用情報」といったページがあり、そこに「募集職種：研究職……名、営業職……名」などと掲示があります。

　インターネット上の情報をそのまま信用することは危険ですが、多角的に検索すると、このように有益な情報を得ることができます。

Part1 志望理由書・自己推薦書の攻略

③自分の未来をデザインする

　こうして自分の問題意識、大学での学問、卒業後の展望を関連づけると、大学に入学して学ぶ意義もより強く意識できます。この自覚が大切です。「私はこういった道を進もうとしているのだ」という自覚があれば、社会の見え方も変わって来るからです。

　今までなにげなく見聞きしていたニュースも、意味を持ってこころに響いてきますし、自然、社会の変化も自分の将来展望と関連して映ってきます。

　さらに、人生は大学卒業で終わるわけではありませんから、中長期的な計画についても、考えておくとよいでしょう。「10年後の自分」「20年後の自分」などの未来像を探っておくのです。

　ただし、多くの大学では、このような先の話まで志望理由書に盛り込むことを求めていません。志望理由書や自己推薦書を書くためだけなら、こうした思索は不必要かもしれないのです。

　しかし、**未来に目標があれば、現状の努力の意味も明らかになってきますし、より完成度の高い志望理由を作成できることも事実**です。それゆえ、先の未来についての展望も描いておきましょう。

　その際に注意すべきことは、「社会は変化する」という前提を忘れないことです。未来の社会変化についても考慮しながら、将来のビジョンを描くのです。

　では、図1－②－4に、社会の変化についても思いをめぐらせながら、未来をデザインしてみてください。1－②－5に記入例がありますので、参考にしてください。

【ULTRA メソッド・その8（論理―中長期的な展望づくり）】

・未来の社会の変化について予測する
「何年後かに社会は……のように変化している」
↓
・社会の変化を前提にして未来ビジョンを描く
「何年後の社会変化のなかで自分はこうなっていたい」
↓
・それまでの課題を整理する
「未来の理想像に近づくためにこんな準備・努力が必要だ」

Part1 志望理由書・自己推薦書の攻略

図1-②-4　未来デザイン

時期	社会の変化	なりたい自分	事前になすべきこと
20代前半			
20代後半			
30代前半			
30代後半			
40代			
50代			
60代			
70代			
80代			

ココでカセぐ!!　ただの漠然とした夢でなく、実現可能性のある目標として訴えるためには、社会の変化についての予測も大切です。また、こうした将来展望は、面接試験でも功を奏します。

図1－②－5　未来デザイン（記入例）

時期	社会の変化	なりたい自分	事前になすべきこと
20代前半	・ますます情報化やグローバル化が進む ・環境問題などが深刻化する	グローバルに事業展開する企業に就職し、ビジネスの基礎を学ぶ	英語やITを駆使してコミュニケーションできる能力を身につける
20代後半	・少子高齢化がますます進む ・格差社会が進み、さらに治安が悪くなるかもしれない ・高収入を求めたり、ゆとりを求めたり、価値観も多様化する	大きな仕事を任されるようになる（単身海外出張など）	とにかく仕事を覚える。自分なりに勉強もして「強み」を持つ
30代前半		役職者として「課」などのグループを統率するようになる	後輩・部下などを導けるリーダーシップを培う。専門性も高める
30代後半		家庭とのバランスをとりつつ仕事にも励む（量より質でこなす）	自分だけで仕事を抱え込まずに、「指示」できる人間になる
40代	・環境保全意識がもっと高まる ・少子高齢化も落ち着き、今より少ない人口で頭脳労働をこなす人たちが増える	企業にいるなら部長クラス（目指せ！重役）、独立起業もあり（？）	自分の専門性のほかに、経営に関する専門知識も身につける
50代		企業にいるなら役員（社長？）、ベンチャー起業家もあり（？）	業界を超えた人脈を築き、「その筋の専門家」として名を成す
60代	・個人の平均転職回数が増える ・65歳で年金がもらえなくなり、高齢者も医療費や介護費をかなり自己負担することになる ・定年退職したあとに「第二の職業人生」を歩む人が増える	仕事人生のまとめに入る（それまでの業績を後代に引き継ぐ）	「自分はこの仕事を成し遂げた」というものをつくっておく
70代		悠々自適に「回顧録」などを書く、名誉職にも就きたい	仕事以外の人脈を開拓しながら、多様な人たちとの交流を持つ
80代		「生きてきてよかった、ありがとう」という心境で終末を迎える	とにかく「悔い」が残らないような人生を送らなければ……

3. 整理(Trimming)

①志望理由書・自己推薦書の構成

　志望理由書、自己推薦書で述べるべきことが決まってきました。次の段階では、読み手が理解しやすいように、話を「整理」します。話の流れ、構成を考える段階です。「**初めにどのように書き出し、中ほどではどう盛り上げ、終わりはどう締めくくるか**」という順序を整えるのです。

　同じ内容でも、話の流れによっては、相手を引きつけもしますし、退屈もさせますから、話す順序、構成は大切です。

　構成を考えるときのポイントは、まず相手が知りたいことはなにかを知ることです。そして、相手が書類に目を通している状況を想像することも大切です。

　相手の知りたいことは、志望理由書なら、「**この大学・学部を志望する理由**」でしょうし、自己推薦書なら、「**私はこのような人間です**」といった率直な自己紹介でしょう。また、書類を読む教員が置かれている状況についても想像力を働かせましょう。大学の教員たちは、時間に余裕を持って志望理由書を読んでいるわけではありません。何枚もの書類に目を通さなければならないわけですから、まず率直な志望理由を知りたいのです。余計な前置きは必要ありません。

　なお、書類名が「自己推薦書」であっても、「**こんなことを学び、将来はこういう道に進みたいと願っている人間です**」といった志望理由を述べればいいのです。実際に、自己推薦書の提出を求める大学の多くは、「志望理由を中心にまとめなさい」といった指示を出します。

　次に読み手が関心を持つことは、「**では、この生徒はなぜこのような志望理由を抱いたのだろうか**」といった背景でしょう。

　そこで、志望理由を述べた後には、自分が抱いてきた問題意識とそれ

を裏づける過去の体験を書きます。

　書くべき文字数が少なければ、「志望理由、問題意識、過去の体験」の３つの要素を並べて終わっていいでしょう。また、これらを述べた後に字数が余っていれば、確認のため最後にも志望理由を加えて結びます。

【ULTRAメソッド・その９（整理—話の流れ）】

・志望理由（未来展望）
「貴学部で……を学び（近未来）、卒業後は……したい（遠未来）」
↓
・問題意識（現在）
「そうした未来展望を描くのは、こういう問題意識を持っているからだ」
↓
・証拠としての体験（過去・現在）
「例えば、こんなことがあった。……現在でも……」
↓
・志望理由の確認
「こうした理由で、貴学で……を学び、卒業後……の道を進みたい」

Part1 志望理由書・自己推薦書の攻略

②序論・本論・結論の基本

　小論文の章でも述べますが、「主張＋根拠＋主張の確認」といった構成を「序論・本論・結論」型の構成といいます。まとめると、以下のようになります。

・序論：率直な志望理由（主張）
・本論：今まで抱いてきた問題意識（根拠）
　　　　過去の体験（根拠を裏づける証拠）
・結論：志望理由の確認（主張の確認）

　では、以下の記入例を参考として、次々ページの図１－③－１に、こうした構成の基本パターンに盛り込む要素を書き込んでいきましょう。

〈構成の基本パターン【記入例】〉

a. 序論
　・学びたいこと（近未来）
　・卒業後の展望（遠未来）

「私は、貴学○○学部で生態学、水質保全学を学びたい（近未来）。そして、将来は、環境保護、とくに水質環境の保護に携わる仕事に就きたい（遠未来）。それには、１、２年の段階から高分子化学、水棲生物論などの専門的な科目が履修可能で、水質管理が進んでいるカナダの大学との交換留学制度もある貴学部が理想的なのである」

b. 本論
　・問題意識（現在）
　・エピソードとなる体験（過去）

「こうした夢を抱く背景には、小学生のころから育んできた環境破壊についての問題意識がある……。私は、小学３年以来、近所の川を掃除するボランティアに参加しているが、私たち人間は自分たちが住む環境を予想以上に悪化させている……」

c. 結論
　・学びと仕事の確認（近未来・遠未来）

「以上の理由から、私は、将来環境保全を実践できる職業に就くべく、貴学に進学し、水質保全学について学びたい……」

【ULTRAメソッド・その10（整理―基本パターン）】

　　a. 序論
　　　・学びたいこと（近未来）
　　　・卒業後の展望（遠未来）
　　b. 本論
　　　・問題意識（現在）
　　　・エピソードとなる体験（過去）
　　c. 結論
　　　・学びと仕事の確認（近未来・遠未来）

Part1 志望理由書・自己推薦書の攻略

図1−③−1　構成（基本パターン）

序論	※学びたいこと（「私は〇〇大学〇〇学部で……を学びたい」といった内容） （字数：　　　　字程度）
	※卒業後の展望（「そして、大学卒業後は……の方向に進みたい」といった内容） （字数：　　　　字程度）
本論	※問題意識（「なぜ、こうした志望理由を抱いたのか。それは……だからだ」といった内容） （字数：　　　　字程度）
	※エピソードとなる体験（「例えば、私は……」といった内容） （字数：　　　　字程度）

結論	※学びたいこと、卒業後の展望(「私は〇〇大学〇〇学部で……を学びたい」といった内容) (字数:　　　　字程度)

ココでカセぐ!!

　図1-②-1 (P43)、図1-②-2 (P48)、図1-②-4 (P54)を参照しながら、構成の各要素のなかに盛り込むべき内容を記入していきましょう。

　また、この段階で、文字数の目安も計算に入れておきましょう。基本は、「序論：本論：結論＝1：2：1」です。「全体を800字でまとめよ」といった字数制限があれば、「序論：本論：結論＝200字：400字：200字」となります。ただし、この比率は柔軟に変更してもいいでしょう。

　例えば、学びについてより詳しく書きたければ「3：4：1」などとします。全体が800字なら、「序論：本論：結論＝300字：400字：100字」となります。

Part1 志望理由書・自己推薦書の攻略

③序論・本論・結論の応用（APPLE）

　志望理由書、自己推薦書の基本パターンをご紹介しました。制限字数が800字くらいまでなら、この基本パターンで十分でしょう。ただし、場合によっては、1000字から2000字以上の記述を求めてくる学部もあります。そうしたケースでは、**読み飽きない工夫、より印象深く訴える工夫も必要**になります。そこで、発展的な応用パターンを紹介します。

　応用パターンでは、序論、本論、結論のそれぞれに、1項目ずつ新しい内容が加わります。まず、序論の初めに**「注意を呼び起こす書き出し」**を加えます。志望理由は、同じ学部ならば、似ている内容も多数出てくるでしょう。したがって、単調に志望理由を述べるだけでは、何十枚、何百枚もの書類に目を通している教員の印象には残りません。そこで、読み手の興味を、意識的にこちらに向ける工夫をします。

　書き出しの内容は、読み手に強い印象を与え、しかも**「学びたいこと」****「進みたい道」**など、志望理由にストレートにつながるものとします。また、注意を引くことが目的ですから、1、2行で短くまとめることが重要です。前出の基本パターンの記入例でいえば、「人の体の80％は水でできているのに、人類はなぜ水をこのように汚染して平気でいられるのか」とか、「相変わらずの健康法ブームである。しかし、人間も地球生態系の一部なのだから、地球の健康こそ第一に考える必要がある」といった内容になります。

　次に、本論の問題意識、エピソードとなる体験につけ加えるのが自分の**「客観的魅力」**です。AO推薦入試には、問題意識を持った志願者が多数集まりますので、そのなかでも注意を引く必要があります。そこで、実績とともに、その学部で学ぶ適性や能力の高さを示すのです。例え

ば、「研究を進めるには、根気が必要だろう。私は、小学生のときから毎週書道教室に通い続けており、今では初段の腕前だ。根気には自信がある」などといった内容です。自信を持って訴える姿勢が重要です。

　結論には、「**期待感を抱かせる結び**」を入れます。読み終わる寸前に、「やはり、この生徒には入ってほしい」と思ってもらうのです。内容は、「研究への協力」や「卒業後の関係の継続」など、教官にとってもメリットのあることを入れると注目を浴びます。例えば、次のように。

「卒業後は、大学の評価が上がるように社会人として活躍したい。また、継続的に指導を受けにも来たい。そして、母校の研究成果を世に知らしめる機会があれば、ぜひ協力したい」

　なお、ここで述べた3つの追加要素は、すべて入れなくてもかまいません。話が単調になりそうなとき、印象づけのために、考えつく範囲で入れましょう。発展パターンを使う人は、66ページの図1－③－2に整理しましょう。
　ちなみに、私はこの応用パターンの構成を"APPLE"と名づけています。以下のように「注意・申し出(未来展望)・問題意識・魅力・期待」を表すことばの頭文字を並べると、APPLEになるからです。

Attention（注意の喚起）
Proposal（将来展望の申し出）
Problem（問題意識）
Lure（客観的魅力）
Expectation（期待感の喚起）

Part1 志望理由書・自己推薦書の攻略

　アダムとイブの伝説、ニュートンによる万有引力の法則、コンピュータ"マッキントッシュ"の発明など、"APPLE"、すなわち「りんご」は、人類の歴史の転換期に、幾たびと登場してきました。

　私の考えたAPPLEによるコミュニケーション方法が、それらと同じくらい歴史的な意味を持ってほしいと考え、名づけました。

> 【ULTRAメソッド・その11（整理—応用パターン）】
>
> ・構成の応用パターン（APPLE）
> ### a. 序論
> ・注意の喚起（Attention）
> ・学びたいこと＋卒業後の展望（Proposal）
> ### b. 本論
> ・問題意識＋過去の体験（Problem）
> ・客観的魅力（Lure）
> ### c. 結論
> ・学びと仕事の確認＋期待感の喚起（Expectation）

※応用パターンで新たにつけ加える要素

・注意を呼び起こす書き出し

　冒頭で相手の注意をつかみとる印象的な表現です。志望理由と関連した表現であることも必要です。

・客観的魅力

　「客観的に見て優れているでしょう」という自己主張です。「学びへの適性」や「能力の高さ」などを示す要素を盛り込みます。高校での成績などから、リーダーシップ、コミュニケーション能力、柔軟性、粘り強さなど、性格的な要素までも含みます。実績（証拠）など、具体的事実とともに示すことが大切です。

・期待感を抱く結び

　書類を読む大学教員が期待する要素を盛り込みます。大学経営や教員個人の研究の役に立つ話ならば効果的です。

Part1 志望理由書・自己推薦書の攻略

図1−③−2　構成（応用パターン）

序論	※注意を喚起する書き出し （字数：　　　　字程度）
	※学びたいこと（「私は○○大学○○学部で……を学びたい」といった内容） （字数：　　　　字程度）
	※卒業後の展望（「大学卒業後は……の方向に進みたい」といった内容） （字数：　　　　字程度）
本論	※問題意識（「なぜ、こうした志望理由を抱いたのか。それは……だからだ」といった内容） （字数：　　　　字程度）
	※問題意識を持つきっかけとなる体験（「例えば、私は……」といった内容） （字数：　　　　字程度）
	※客観的魅力＋それを示す実績（証拠） （字数：　　　　字程度）

結論	※学びたいこと、卒業後の展望（「以上の理由から、私は〇〇大学〇〇学部で……を学び、卒業後は……の道に進みたい」といった内容） （字数：　　　　字程度）
	※期待を抱かせる結び （字数：　　　　字程度）

ココでカセぐ!!

　図１－③－１に整理した要素では文字数が足りない場合、また、印象が薄いと感じる場合は、応用パターンの３つの要素を補いましょう。３つの要素とは、「注意を喚起する書き出し」（序論）、「客観的魅力」（本論）、「期待を抱かせる結び」（結論）です。

　なお、客観的魅力に関しては、具体的な実績やエピソードを示しておくことが重要です。それらの具体的事実が「証拠」になるからです。

　また、３つすべて加えなくてもいいでしょう。

4. 表現（Action）

①読みやすいように段落分けして書く

　書くべき要素がそろったら、実際に指定の用紙に志望理由書を書き込みます。その際、**「序論・本論・結論」の構成で書くのなら、最低３段落に分けましょう**。また、**字数に余裕があれば、本論を「問題意識」と「体験」に分け、４段落構成にしてもかまいません**。

　なお、志望理由書や自己推薦書の記述形式があらかじめ決まっているのなら、その方針に沿ってまとめてください。

　例えば、「まず、高校時代まで抱き続けてきた社会に対する問題意識を書き、次に、本学部で学びたいこと、卒業後に進みたい分野について書きなさい」などと指定されていれば、それに従って、以下のようにまとめるといいでしょう。また、このような**指定がある場合は、「小見出し」などをつけてもよい**でしょう。読む側も、どこにどんな記述があるのかが一目瞭然です。

・第１段落：問題意識を育んできた過程
・第２段落：大学で学びたいこと
・第３段落：大学卒業後の展望

②正しい表記で書く

　記入する際には、表記にも気をつけましょう。「読みにくい文字・数字は評価の対象外とします」という断り書きを示す学部もあるくらいですから、正確な日本語表記をこころがけましょう。略字・略語なども用いずに、正式名称を楷書で記入します。

③文法規則に則って書く

　さらに、「主語—述語」や「修飾語—被修飾語」の関係などにも注意し、簡潔な日本語を使いましょう。

　「打ち消しの強調」として使われる「まったく」や「ぜんぜん」を使う際には、結びに打ち消し表現を伴うなど、現代語文法にも気を配りながら記すことも大切です。

× 　そのとき、私はぜんぜん無視した。
○ 　そのとき、私はぜんぜん気にならなかった。

【志望理由書・自己推薦書(表現例)】

　今まで学んできたことに基づいて、いくつか志望理由書、自己推薦書の表現例を示します。「基本パターン」を3例、「応用パターン」を2例、あわせて5例挙げました。基本パターンは、600字～800字程度でまとめてあります。発展パターンは1000字から1200字程度でまとめてあります。

　これらを参考にして、実際に志望理由書または自己推薦書を書いてください。

　なお、高い問題意識を訴えるには、社会問題についての知識も必要です。幸い「現代社会」や「政治経済」などの教科書や資料集にそのような問題群が整理されています。それらを有効に活用するとよいでしょう。

Part1 志望理由書・自己推薦書の攻略

a. 生物資源学部への志望理由書（基本パターン）

　私は、貴学生物資源学部で生態学、水質保全学を学びたい。そして、卒業後は、大学で学んだことを生かし、環境保全に関係する仕事に就きたい。こうした夢を実現するには、環境研究に伝統を持ち、1、2年の時点から高分子化学、水棲生物論などを履修でき、水質管理が進んでいるカナダの大学との交換留学制度もある貴学部が理想的なのだ（**序論**）。

　では、なぜ私は環境保全に関心を持つようになったのか。その背景には、小学生のころから育んできた環境破壊についての問題意識がある。私たち人類は、自然環境から多くの恵みを得ている。と同時に、人類は地球生態系の一部でもある。しかし、過去1世紀ほどの歴史を見ると、生態系は人類によって一方的に破壊され、得られる恵みは徐々に減っている。さらに、地球温暖化、オゾン層破壊、酸性雨、環境ホルモンなど地球規模の問題を招き、自分自身の首まで絞めている（**問題意識**）。

　実際、私はこうした破壊活動の実態の一部をこの目で見てきた。例えば、小学3年生のとき以来、近所の川を掃除するボランティアに参加しているが、その汚染の進行には驚いた。人間は水がなければ生きていけない。その生命線すらも、自らの手で絶とうとしているのだ。ただし、私たちの活動やボランティア団体の事務局の呼びかけによって、ここ数年で川の清さは少しずつ戻ってきた。努力すれば、まだ最悪の事態を避けることは可能なのだ。そうした気づきもあり、中学生になってからは家庭内でゴミの分別を担当したり、高校では環境委員として植物栽培に取り組んだりしている。小さいが環境保全に向けた努力をしてきたのだ（**過去の体験、以上本論**）。

　以上のような問題意識から、私は将来環境保全を、とくに水質保全を実践できる職業に就きたいという夢を抱くようになった。そして、夢を現実に近づけるべく、環境学、生態系を学ぶのに最適の環境を備えてい

る貴学部への進学を志望した(**結論、約800字**)。

(aの記入例について)
　今まで、さまざまな図で「記入例」として紹介してきた事例を、実際に文章としてまとめてみました。
　以下の3点がはっきり表現されています。
・学びたいこと
「生態学、水質保全学」
・卒業後に進みたい道
「環境保全関連の仕事」「水質保全関連の職業」
・志望理由を抱いた背景
「環境破壊への懸念」

　また、それを裏づける以下の具体的素材も説得材料になっています。

・具体例(体験、観察)
「ボランティア」「家でのゴミ分別」「環境委員」
・調べた結果
「地球温暖化」「オゾン層破壊」「酸性雨」「環境ホルモン」

Part1 志望理由書・自己推薦書の攻略

b. 文学部への志望理由書（基本パターン）

　私は貴学の文学部歴史学科で現代日本史を学びたい。そして、卒業後は青少年に歴史を語れる職に就きたい。具体的に決めたわけではないが、中学、高校の教師、都道府県や市町村の役所で働く学芸員、または歴史関係の本の編集者などに興味を持っている（**序論**）。

　私がこうした夢を抱くのは、歴史は常に批判的に読む必要があるということを、歴史を学ぶ若者たちに訴えたいからだ。そうした理解がないと狭い見方で歴史をとらえ、歴史の不幸を繰り返してしまう（**問題意識**）。私はこのことを被爆経験のある歴史家から学んだ。彼は戦争には反対したそうだが、戦争の犠牲になった。教科書で読むかぎり、第二次大戦中の日本人は一丸となって戦争に走ったように映る。高校１年のとき交換留学で来た中国人の友人も同じイメージを持っていた。日本でも中国でも歴史の教科書には、日本国内の反戦活動はほとんど書かれていないからだろう。紙に書けることには限界がある。にもかかわらず、それを全面的に信用してしまうのは危険すぎる。そこから、偏った反省や憎しみが生まれる。歴史家のこのことばが忘れられない（**過去の体験、以上本論**）。

　こうした問題意識から、歴史の記述を疑い、行間にも「書かれてない歴史がある」という想像力が持てる人を育みたい。それゆえ、批判的に歴史の研究を進めているという貴学部を志望した（**結論、約600字**）。

ココでカセぐ!!

（bの記入例について）
　志望理由書に盛り込むべき、以下の要素がしっかり記されていることに注目してください。

・志望学部、専攻
「文学部歴史学科」「日本の現代史」
・卒業後の展望
「歴史を語る仕事」「中学高校の教師」「学芸員」「編集者」など
・問題意識
「歴史批判の必要性」「戦争への問題意識」（ただの「歴史好き」を訴えるだけではない）
・具体例（体験、観察）
「歴史家との出会い」「留学生との交流」「歴史教科書の記述」

Part1 志望理由書・自己推薦書の攻略

c. 看護学部への自己推薦書（基本パターン）

　多くの高齢者に、ものの面だけでなくこころの面でも豊かな老後を過ごしてほしい。私は、そう考え、豊かな老後の生活を支援できる看護師を目指している。それゆえ、そんな自分を高齢者医療の研究に実績のある貴学看護学部に推薦したい(**序論**)。

　なぜこのような夢を持ったか。それは、日本は物質的には豊かになり、平均寿命も延びたものの、生きがいを感じながら高齢期を送る人は少なくなっていると思うからだ。定年退職は60歳くらいだが、平均寿命は約80歳だ。この間の20年が幸せでないなら、長生きをする意味がなくなってしまう(**問題意識**)。実際、私の母の実家では、祖父母が二人だけで暮らしているが、祖父などは「一日中ボーッとしてしまうことがある」ともらす。祖母はひざを患っているので、普段は母が、連休や盆暮れには私が訪れて、介護や身の周りの世話をする。そのとき、祖母がよく「こうしてにぎやかだと生きる張り合いが出る」と言う。訪問介護のサービスも利用しているが、機械的な介護しかしないヘルパーもいて、寂しさが増すそうだ。高齢者介護にも「こころの交わり」が必要だとつくづく感じた(**過去の体験、以上本論**)。

　こうした経験から、肉体的な健康管理だけでなく、高齢者の寂しさ、不安もケアできるような看護師の一人として活躍したいと考えるようになった。そして、そのための知識、技術が学べる貴学部を志願した(**結論、約600字**)。

ココでカセぐ!!

(cの記入例について)
　自己推薦書ですが、志望理由書と内容はほぼ同じです。盛り込むべき、以下の要素がしっかり記されていることに注目してください。

・志望学部、専攻
「看護学部」「看護学」「高齢者医療」
・卒業後の展望
「高齢者のこころの支援ができる看護師」
・問題意識
「これだけ平均寿命が延びても、老後の生きがいは保てるのか」
・具体例(体験、観察)
「祖父母の介護体験」「介護サービスの実態調査」

d. 政治経済学部への志望理由書（応用パターン）

　首相は日々叫ぶ。「わが日本国のため」とか「国益」などと。しかし、21世紀は、国家の枠を超えて考えを巡らせる時代である（**注意喚起**）。それには、地球規模での協力をもっと積極的に促す「決まり」や「しくみ」が必要だ。私は将来、そうした決まりやしくみをつくる仕事に従事し、国際協力の推進に尽力したい。貴学の政治経済学部で学べる「グローバル・ガバナンス」とは、私のこうした夢を実現するために必要不可欠な学問と考え、貴学部を志望した（**志望動機、以上序論**）。

　なぜ私は、このような夢を抱いたのか。それは、幼いときから外国人と交流するなかで、頑固に「日本人」といった国民意識、民族意識に縛られることは、結局自分自身のためにもならず、国益にもならないと考えるようになったからである。逆に、日本人である以前に、「地球市民」であるという自覚を持つと、意識の壁がなくなり、交流や理解も深まる。国益を講ずるのなら、まず、こうした発想転換が必要である（**問題意識**）。

　外国人との交流とは以下のようなものだった。私が住んでいる地域には、米軍基地とそれに隣接した住宅がある。基地の行事に参加したり、母と一緒に住宅内の英会話教室に通ったりしていたので、交流する機会は多かった。アメリカ人だけでなく、フィリピン、インドネシアなどから来ている人々もいた。子どもであったからか、国籍の違いも壁にならず、基地外の日本人の友だちと同じ感覚で、「お友だちの〇〇ちゃん」といった意識で付き合っていた。ところが、小学校の高学年くらいから、私の周囲の目が変化してきた。「基地の外国人と普通に付き合う人」として、ときには憧れの目で、しかし、ほとんどは怪しげに見られた。仲間はずれのような扱いも受けた。そして、そのころから、「同国人と外国人の間にある隔たりは、こころの壁だ」と少しずつ感じてきた。周囲の偏見への反発もあり、私は、「ならばこころの壁を取り払おう」と努力す

るようになった。中学生になり、地理や歴史を学んでからは、より一層、そう考える努力をした。クラスには韓国籍の友人もいるのに、「わが国」「私たち日本人は」といった発言を続ける教師に違和感を覚え、「『私たち地球人は』ではいけないのですか」と質問したこともある（**過去の体験**）。

　こうした意識の壁をなくすことが、貴学が訴える「コスモポリタン」の精神ではないか。そして、南北問題、南南問題、民族紛争、それらから発生する難民問題などを抱える現在だからこそ、地球市民感覚を持って学問を修め、社会に出る人材が必要なのである。（**客観的魅力、以上本論**）。

　以上の問題意識から、私は、貴学部でグローバル・ガバナンスを学び、国際公務員やNGO職員など、国際協力に貢献できる職業に従事したい（**志望理由の確認**）。また、積極的に留学制度を活用し、海外にも貴学の存在を広めてきたい（**期待喚起、以上結論、約1200字**）。

Part1 志望理由書・自己推薦書の攻略

ココでカセぐ!!

（d の記入例について）
　応用パターンの例を示しました。APPLE のそれぞれの要素が、自然に展開されていることを参考にしてください。

・書き出しの工夫
「首相発言への批判」
・志望学部、専攻
「政治経済学部」、「グローバル・ガバナンス」（グローバル・ガバナンスとは「地球規模での統治、政治」を意味し、この学部のパンフレットに詳しく説明してありました）
・卒業後の展望
「地球規模での協力を促す職業」「国際公務員」「NGO職員」
・問題意識
「国民意識、民族意識に縛られることへの疑問」「地球市民である自覚の必要性」
・具体例（体験、観察）
「米軍家族との交流」「異国籍者との交流」「仲間はずれ」「地理、歴史の学習」
・客観的魅力
「コスモポリタン（地球市民）感覚を持った人であること」「国際社会を取り巻く問題群（南北問題、南南問題、難民問題）の研究」
・結びの工夫（期待感）
「留学制度の活用」「海外での大学の知名度を上げるための広報」

e. 薬学部への自己推薦書（応用パターン）

　病を患う多くの人の苦痛を和らげるために、私はなぜ、医師ではなく、薬学研究者になりたいのか(**注意喚起**)。それは、副作用も少なく、効果も大きい薬が次々と開発されれば、たびたび病院に通ったり、入院したりせずとも、病が治癒していくからだ。つまり、日常生活を犠牲にしない治療を推し進めるのが薬剤研究なのである。そこで、さまざまな大学の資料やホームページを探索したところ、新処方の研究開発にもっとも意欲的な大学の一つが貴学だった。それゆえ、上に述べた将来展望をもって、貴学部に自己を推薦したい(**志望理由、以上本論**)。

　では、私はなぜこうした夢を持つようになったのか。それは、現在の治療行為には、患者の日常生活や価値観を犠牲にしなければならない点も多く、それによって生きがいが削られる可能性があるからだ。いわゆるクォリティ・オブ・ライフの低下が生じるのだ(**問題意識**)。

　私は、母のぜんそく治療や、弟の皮膚病治療を見てきて、強くそう感じてきた。ぜんそくも皮膚病も同じアレルギー性の病気だ。わが家にはアレルギーに関する本がたくさんあるので、私にもある程度の知識が身についた。症状を抑える方法としてはステロイド剤があるが、継続的に使用すると副作用もあるらしい。原因を除く方法としては、長い時間をかけての、漢方薬による体質改善がある。しかし、発作を収めることはできない。母は、できるだけステロイドは使わずに体質改善することにこだわるが、自分自身の発作が出たとき、弟の皮膚のかゆみがひどくなったときには、やむをえずステロイドを使っている。また、短期ではあるが入院したこともある。「副作用がなくて体質改善もできて即効性のある薬はないかしら」という母の口癖を聞いてきて、医学の進歩は著しいとは言うものの、まだまだフロンティアがあると実感した(**過去の体験**)。

Part1 志望理由書・自己推薦書の攻略

　そうした家庭で育ったため、自然と医学、薬学に興味が湧き、高校に入ってからはとくに化学や生物は熱心に勉強した。教科書、参考書での勉強では飽き足らず、生物部と化学部にも入った。そして、高校2年のとき、化学の授業で環境ホルモンを取り上げたのをきっかけに、近くの川を調査してみた。すると、コイやフナのメス化傾向を実際に観察し、地元紙にも、調査結果が取り上げられた。このような探究心、行動力は薬学の研究にも役立つと自負している(**客観的魅力、以上本論**)。

　アレルギーは、ストレスなどによっても激しくなるらしい。病の解明にはこころの研究も不可欠である。貴学のホームページでも、肉体だけでなく精神からの研究も含めた「全人医療」について解説されていた。これを読んで、ますます貴学への志望意志が固まった(**志望理由の確認**)。私は、この世に生きた証しとして、薬学の限界を一歩でも先に進めたい(**期待喚起、以上結論、約1200字**)。

ココでカセぐ!!

（e の記入例について）
　自己推薦書の応用パターンです。ここでも APPLE の順に必須の要素が盛り込まれ、読む側をどんどん引き込んでいます。

・書き出しの工夫
「あえて『医師でなく』と宣言すること」
・志望学部、専攻
「薬学部」「新薬の研究開発」
・卒業後の展望
「研究者」「日常生活の中で服用できる副作用のない治療薬の開発」
・問題意識
「患者の日常生活や価値観を犠牲にする現代医学への疑問」「副作用のある薬」
・具体例（体験、観察）
「母のぜんそく」「弟の皮膚病」「アレルギーの研究」「化学、生物の学習」「川の調査」
・客観的魅力
「自分の調査結果が新聞に載ったという客観的事実に裏づけられた薬学研究者としての素質、適性」
・結びの工夫（期待感）
「全人医療という大学が社会に訴えるメッセージへの理解とそれを引き継ぐ熱い意志」

PART 2
小論文への応用

Part2 小論文への応用

0. 小論文の基本も"ULTRA"

　一般入試でも、「作文」や「小論文」を課す学部はありますが、全体から見れば少ないほうです。しかし、AO推薦入試では、ほとんどの学部で作文や小論文が課されます。

　学部によって「作文」、「小論文」、「感想文」、「論文」、「論述テスト」など、表現は異なりますが、どれも**「設問に対して自分の考えを述べる」**点で共通しています。それゆえ、どれも書き方は同じと考えていいでしょう。つまり、このパートで解説する「小論文の書き方」をマスターすれば、作文、論文、論述テスト、感想文の対策にもなるのです。

　それは、次の例を見ればわかります。ともに、あるテーマに対して「あなたの考えを述べよ」という趣旨の出題です。

・「作文」試験の出題例
　「21世紀における食と健康」（東京農業大学）
・「小論文」試験の出題例
　「21世紀と人間の幸福」（文教大学）

　「あなたの考え」を述べるという点で、志望理由書とも共通していますから、小論文の解き方にも、"ULTRA"の手法が応用できます。

Understanding：まず、出題意図を「理解」します。
Logic：次に、素材（理）を探し、考え（論）を決めます。
Trimming：そして、読者が読みやすい構成へと「整理」します。
Action：以上の準備ができたら、答案用紙に「表現」するのです。

　それでは、U（理解）・L（論理）・TR（整理）・A（表現）の順に、小論文を書く過程を説明していきましょう。

1. 小論文における「理解」の重要性(Understanding)

　小論文で合格答案を書くには、どんな能力が必要でしょうか。実際にAO推薦入試で出された小論文の問題を見て、考えてみましょう。以下に、タイプの違った3つの問題を紹介します。

【例題1】
「現代社会の反省点について、800字以内であなたの考えを述べなさい」
（日本大学ほか）
【例題2】
「次の問題文についての自分の考えを、別紙の解答用紙に800字以内でまとめなさい（問題文は省略）」（中央学院大学ほか）
【例題3】
「次の3つの図表を読みとって、小・中学校における家庭教育の意義について、あなたの考えを800字以内でまとめなさい（3つの図は省略）」
（文教大学ほか）

①設問の理解
　まず確認してほしいことは、どの問題も共通して、先に述べたように「**あなたの考え、意見**」を求めている点です。次に気づいてほしいことは、どの問題も、「**書く範囲、枠組み**」が決まっていることです。例題1では、「現代社会の反省点」について、例題2では、問題文の内容について、例題3では、図表と関連した内容で、しかも「小・中学校における家庭教育の意義」について、あなたの考えを述べなければならないのです。
　そこで、小論文試験で求められる能力の一つがわかりました。それは、

Part2 小論文への応用

「理解力」です。**設問で問うていること、「なにについての考えを述べればよいのか」**をしっかり理解する力がまず必要です。それゆえ、小論文の問題を前にしたら、次のように、設問を分析して理解しましょう。

図2-①-1：設問の分析的理解

【例題1】	「現代社会の反省点」について述べる(テーマ) 「800字以内」で述べる(字数) 「あなたの考え」を述べる
【例題2】	「問題文(の内容)」について述べる(問題文のなかからテーマを探る) 「自分の考え」を述べる 「別紙の解答用紙に」まとめる 「800字以内」でまとめる(字数)
【例題3】	「3つの図表」を読みとる(図表内容の整理) 「小・中学校における家庭教育の意義」についてまとめる(テーマ) 「あなたの考え」をまとめる 「800字以内」でまとめる(字数)

ココでカセぐ!!

　大学教員に「どんな答案がダメか」と尋ねると一番多い答えが「問うていることに答えていないもの」です。「内容がおもしろくても、ルール違反では評価できない」というのです。

　そのため、上記のように設問は慎重に分析しましょう。「小論文とはこういうものだ」という固定観念、先入観を持っていると、この「問いの分析」の段階で失敗しますから要注意です。

②資料（文章・図表）の理解

　理解しなければならないのは、設問だけではありません。例題１のように、提示される資料（文章、図表など）がないときは、それでもかまいませんが、例題２や例題３のように、読みとるべき資料が提示されたときは、それらもしっかり読みとらなくてはなりません。つまり、**小論文試験で求められる理解力とは、「資料の理解」も含む**のです。

　読みとるべき資料は、日本語で書かれた文章や図表だけではありません。図２－①－２にさまざまな小論文の出題パターンを示してありますが、出題頻度は高くないものの、英文、絵画、映画、キーワードなど、さまざまな資料が提示されるのです。

　また、文章読解型小論文、図表読解型小論文は、ともに資料の内容を要約する設問も頻繁に課されますので、図２－①－３には、それぞれの読解ポイントを示しました。資料読解の際に役立ててください。

Part2 小論文への応用

図２−①−２：小論文の出題パターン

テーマ型	文章や図表などの資料は提示されず、ただ書くべきテーマのみが与えられるパターン
文章読解型	資料として文章が提示されるパターン。意見だけでなく、要約や内容説明が求められることもある。小論文試験でもっともよく出題されるパターン
図表読解型	資料として表やグラフが提示されるパターン。意見だけでなく、図表の内容の要約がしばしば求められる
英文読解型	資料として英文が提示されるパターン。部分和訳や要約なども含まれることがある
視聴覚素材鑑賞型	絵画、写真、映像、音楽などを鑑賞した後に、その内容を説明させたり、自分の考えを述べさせたりするパターン
キーワード提示型	「豊かさ、健康、幸せの３語を用いて、あなたの考えることを自由に述べなさい」などと、答案に盛り込むことば（キーワード）を指定するパターン

ココでカセぐ!!
　出題パターンは、学部によってある程度決まっていますが、「前年までの出題傾向が急に変わった」などということはよくありますので、あらゆるパターンに習熟しておくことが大切です。
　とくに「テーマ型」「文章読解型」「図表読解型」の３パターンは、十分に訓練を積んでおきましょう。

図2−①−3：資料読解のポイント

文章読解のポイント	基本は、「筆者がなにを根拠として、どんなことを主張したいか」を読みとることです。「各段落は、文章全体構造のなかでどんな役割を果たしているか」を分析するのです(構造的読解)。それには、読む段階で、筆者の主張とその根拠と思われる箇所に線を引いていくとよいでしょう。 そして、要約をまとめる際には、線を引いた箇所を中心に、可能な限り本文中のことばで要点をまとめます。 なお、文章読解力を鍛える対策としては、新聞の社説や投稿、現代文の教科書に掲載されている評論文、論説文を上のような方法で読みとる訓練があります。学校の勉強にも、小論文対策にもなりますので、一石二鳥です。
図表読解のポイント	グラフ、表など、図表を読みとるポイントは、あまり細かな数字の動きには注目せず、全体的な傾向をとらえることです(全体傾向の把握)。ただし、全体傾向から大きく外れているような数値があれば、それには注目する必要があります(突出部分への注目)。 図表の読解力を鍛える対策としては、新聞に掲載されているグラフや図表を素材として、上のような方法で読みとる訓練をすると効果的です。新聞社が独自に取ったアンケートや、厚生労働省などの役所が出した統計の記事に添えられています。また、現代社会、政治経済、地理などの教科書や資料集にも興味深い図表が出ていますので、これらの資料を題材としてもかまいません。

ココでカセぐ!! 文章も、図表も「要するになにが(どんな意見が、どんな傾向が)示されているのか」をつかめばよいのです。そして、その「資料から理解したこと」を受けて、自分なりの考えを生んでいきます。

Part2 小論文への応用

③評価基準への理解

　AO推薦入試の募集要項などを見ればわかりますが、下記のように、多くの学部が、あらかじめ小論文試験で生徒に求める問題意識、能力を公表しています。こうした情報がある場合は、事前に理解しておくことが重要です。いわば、「**出題背景の理解**」です。

　「身近な社会現象や国内外の社会問題について、その基礎的理解力と問題意識を問います。あわせて、文章の表現力を試験します。（800字以上1,200字未満）」（駒澤大学ほか）

　これらを理解しておけば、試験対策として、次の2点が有効だとわかるでしょう。第一に、「**身近な社会現象や国内外の社会問題についての基礎知識や問題意識**」を身につけること。第二に、「**文章表現力**」を鍛えておくこと。具体的には、現代社会や政治経済の教科書や資料集、また、日々の新聞やテレビでのニュースで社会問題について調べ、自分なりに考えたことを文章で表現する練習を積んでおけばよいのです。

　こうして、設問・資料・出題背景の理解ができたら、次の段階に進みます。小論文で求められるのは、「あなたの考え」、すなわち「論」ですから、根拠（理）を探って自分の考えを決定します。この段階が「論理づくり」です。そして、そこで求められる能力が「**論理的思考力**」です。

　最終的には、考えたことを、わかりやすく文章で表現できればよいのです。つまり、「**文章表現力**」が求められます。小論文試験では、以上のような理解力、論理的思考力、文章表現力が求められているのです。

　なお、多くの大学の小論文試験で求められる能力を、図2－①－4に整理しておきます。

図２－①－４：小論文試験で求められる能力

理解力	設問理解力	設問で求められる「書くべき範囲、枠組み」を分析し、理解する力
	資料読解力	資料として示される文章や図表を的確に（構造的に）読みとる力
	出題背景理解力	小論文試験で求められる問題意識、能力についての情報を理解する力
論理的思考力	根拠探索力	「あなたの考え」の基となる素材（根拠、理由）を独自に探る力
	意見決定力	独自に探った根拠、理由から、設問に対する自分の考え、意見を決定できる力
文章表現力	構成力	自分の考えをわかりやすく、しかもはっきりと伝えられる「話の流れ」を組み立てられる力
	語彙力	自分の考えを的確に示す語句（単語、熟語、文法規則など）を操作する力

ココでカセぐ!!

　小論文を書くためのULTRAメソッドは、実は、評価基準に基づいて考えられています。理解力（U）、論理的思考力（L）、表現力（TR・A）のそれぞれの順に採点基準をクリアすると、合格答案が完成します。
　不合格答案の多くは、まず理解の段階でつまずいています。とくに設問を誤解したまま、問題を解き進めていく答案が多いのです。
　ULTRAを指標とし、無事に合格のゴールまで到達してください。

Part2 小論文への応用

【小論文 ULTRA メソッド・その1（理解）】

・**評価基準の理解**（事前に「募集要項」などをチェック！）
「小論文試験ではどんな能力を評価しようとしているのか」

↓

・**設問の理解**
「なにについて自分の考えを述べればよいのか」

↓

・**資料の理解**
「読解すべき資料はあるか。どんな内容か」

では、以下の《練習問題》を用いて、U（理解）の段階を実践してみましょう。理解、分析した内容は、図2－①－5にまとめてみてください。また、分析例を図2－①－6に示したので、参考にしてください。

練習問題

次の文章を読んで、「高齢期をどう迎えるか」について、あなたの考えを600字以内で述べなさい。

【問題文】
　日本では戦後、平均寿命が80歳にまで延びた。しかし、寝たきりや認知症の問題などもあり、手放しでこの長寿を喜べない。
　定年退職の年齢は、大体60歳だから、現役引退後の生活は平均して20年にも及ぶのだ。この時期の過ごし方を、真剣に考える必要がある。

図２−①−５：理解の実践

設問	《練習問題》の設問を分析してみましょう
資料	《練習問題》の資料（文章）の内容を分析してみましょう
評価基準	あなたの志望学部が提示する「小論文の評価基準」を調べてまとめておきましょう

ココでカセぐ!!

　指導をしていて驚くことがあります。「小論文とはこう書くもの」という固定観念を持っていて、自分が志望する学部の小論文試験の「評価ポイント」を理解していない生徒が、意外と多いのです。

　多くの大学が、小論文の評価ポイントを公表していますので、ホームページやパンフレットを読んだり、オープンキャンパスで直接尋ねたりして、情報を収集しましょう。

　大切なことは本書にも書いてありますが、ぜひ自分自身で志望学部の小論文の評価基準を確認してください。大学とのコミュニケーションを密にとることが合格への近道です。

図２−①−６：理解の実践（参考事例）

設問の理解	《練習問題》の設問を分析してみましょう ・「次の文章」を読む（前提） ・「高齢期をどう迎えるか」について述べる（テーマ） ・「あなたの考え」を述べる ・「600字以内」で述べる
資料の理解	《練習問題》の資料（文章）の内容を分析してみましょう（下線が重要部分） ・根拠：<u>日本では</u>戦後、平均寿命が80歳にまで延びた。しかし、寝たきりや認知症の問題などもあり、<u>手放しでこの長寿を喜べ</u>ない。 ・主張：定年退職の年齢は、大体60歳だから、<u>現役引退後の</u>生活は平均して20年にも及ぶのだ。<u>この時期の過ごし方を、</u>真剣に考える必要がある。
評価基準の理解	あなたの志望学部が提示する「小論文の評価基準」を調べてまとめておきましょう ・文章読解力 ・簡単なグラフ、表の読解力 ・自らの考えを論理的に展開できる能力 ・自分が生活している社会に対する問題意識 ・学部で学ぶことへの関心 ・日本語についての正確な知識

ココでカセぐ!!

　ここで、要約のポイントについて説明しておきましょう。手順は、前ページで下線を引いたような重要な語句をつなぐことです。重要度(優先順位)は、要約の字数に応じます。字数が少なければ、重要度の高い要素しか要約に盛り込めませんが、字数が多ければ、重要度がそれほど高くない要素も盛り込めます。
　以下に、字数によって、要約の内容が変わっていく状態を示します。

・指定字数が「40字以内」なら……
「日本では手放しで長寿を喜べない。それゆえ、老後の過ごし方を真剣に考える必要がある」(40字)

・指定字数が「70字以内」なら……
「日本では、平均寿命が延びたが、寝たきりや認知症の問題などもあり、手放しで長寿を喜べない。ゆえに、定年退職後の過ごし方を真剣に考える必要がある」(70字)

Part2 小論文への応用

2.「論理づくり」こそ小論文の命(Logic)

　しっかりと「理解」の段階を終えたら、いよいよ「あなたの考え」を探る段階です。しかし、「考え」というのは、いきなりひらめくものではありません。いきなりひらめいたとしても、「こんな考えがひらめいた」と書いただけでは、納得してもらえるかどうかはわかりません。

　そこで、**「なぜそう考えたのか」、その根拠を提示する必要**があります。自分の「論」（考え、意見）は、しっかり「理」（根拠、理由）を添えて述べる必要があるのです。論と理のワンセット、すなわち「論理」（Logic）をつくるのです。

　では、考えの根拠はどのように探ればいいのでしょうか。それには、「**自分の体験や観察など、具体的な事実から探る**」という方法と、「**だれもが認めている社会の常識、法則、前提から探る**」という２つの方法があります。前者を「**帰納法**(きのうほう)」、後者を「**演繹法**(えんえきほう)」といいます。

　帰納法、演繹法という名前だけ聞くと難しそうですが、わかりやすく説明しますので、しっかり理解し、使えるようにしてください。

　２つの方法について簡単な例題で説明すると、以下のようになります。例えば、「現代社会の反省点について、あなたの考えを述べなさい」という問題に対して、次のように２通りの考え方ができます。

「先日、駅で70歳くらいのおじいさんが困っていた。券売機の操作が難しくて、切符が買えないのだ（**体験＝具体的事実**）。そうか、現代社会の反省点の一つとして、新しい技術をどんどん取り入れても、実際にはそれについてこられない人がいて、困るということがある」（**帰納法による考え**）

「昔と比べて現代社会が便利になったことは、だれもが認めるだろう。その便利さは、科学技術の発達によってもたらされたというのも常識だ。では、科学技術の発達について反省点はないか。もともと科学技術は、この世になかったものだから、自然や人間社会に予期しないマイナスを与える可能性もある(**常識＝一般的傾向**)。そういえば、環境問題や高齢化などの問題にはすべて科学技術が関わっている。そうだ。便利さを追い求めた結果、予期せぬマイナス、不都合を招いたことが反省点といえる」(**演繹法による考え**)

　なお、帰納法と演繹法のどちらを使いこなすにしても、事前にしっかり学習を重ねておく必要があります。なぜなら、帰納法では、さまざまな問題についての体験や観察の結果をすぐに思い出すために、整理しておく必要がありますし、演繹法でも常識や法則や前提をいくつか準備しておく必要があるからです。

　では、2つの論理づくりの流れを図に示しておきます。

Part2 小論文への応用

図2－②－1：論理づくりの2パターン（「現代社会の反省点」について）

体験や観察から考える「帰納法」	常識、法則、前提から考える「演繹法」
「現在生きている社会で反省すべき点について、なにか体験、観察したことはないか」 （具体的事実の探索） ↓ 「そういえば、先日、駅で70歳くらいの高齢者が券売機で切符を買えなくて困っていた」 （根拠とすべき具体的事実の特定） ↓ 「新しい技術をどんどん取り入れても、それがうまく機能していないという反省点がある」 （意見の確定）	「現代社会の反省点と関わる常識、法則、前提として、どんなものがあるだろうか」 （一般的傾向の探索） ↓ 「科学技術が発達し、生活に浸透し、便利になったが、さまざまなマイナス面も出てきたという特徴がある」 （根拠とすべき一般的傾向の特定） ↓ 「科学技術によって生活が便利になった反面、予期せぬ不都合を招いたことが反省点だ」 （意見の確定）

ココでカセぐ‼

　小論文について「模範解答のように決められた答え（＝正解）を書くもの」と勘違いしている生徒を多く見かけます。しかし、求められているのは「あなたの意見」ですから、自分独自の意見を生み出さなければ、高い評価は得られません。

　実際、多くの大学教員は「あなたの考えを述べよと問うているのに、新聞の社説や評論家の意見のような紋切り型の答案が多い。そんなカビの生えたような意見は求めていないのに……」と漏らします。

　これから説明する手法をよく理解して、独自に自分の考えが生み出せるよう、訓練してください。「ものいえる人間」への第一歩です。

①体験や観察を活用する帰納法

　帰納法と演繹法について、もう少し詳しく説明しましょう。**体験や社会観察など、具体的な事実、現象を見て、その背後にある一般的、抽象的傾向を探る**方法を、「帰納法」といいます。

　「日本では手放しで長寿を喜べないから、老後の過ごし方を真剣に考える必要があること」（資料の内容）を前提として「高齢期をどう迎えるか」（テーマ）を問う《練習問題》について考えてみましょう。

　この問題を帰納法的な考え方で解くには、まず「高齢期」についての具体的な事実、現象を思い出します。自分自身が体験したこと、身の回りで観察したことでもいいでしょうし、本や新聞、テレビなどのマスメディアで知った記事でもいいでしょう。

　例えば、「祖母は、80歳過ぎだが、日本舞踊の師範としてカルチャーセンターで活躍している」といった事実を思い出せばいいのです。

　ただし、事実を示すだけでは根拠として不十分です。上の事実から、「日本舞踊をやって、カルチャーセンターの講師にでもなれば、健康で生きがいを持って生きられる」といっても、そこに広がりはありません。「あなたのおばあちゃんにはあてはまるかもしれないけど、日本舞踊が苦手な人はどうするの」などと疑問を持たれてしまうからです。

　そこで、この事例が持つ「ほかのさまざまな高齢者にもあてはまりそうな傾向」を探るのです。例えば、「自分が持っている能力を発揮できる場があれば、高齢者も生きがいを感じ、精神的にも肉体的にも健康を維持できる」などとまとめます。すると、読む側も「キミのおばあちゃんみたいに日本舞踊の得意な人はそれを教えればいいし、手芸の得意な人は編みものを教えてもいいわけだね」と話にふくらみを感じてくれます。

　以上を整理すると、帰納法とは、次の２段階で考えることです。

Part2 小論文への応用

・テーマに関連した具体的な事実（体験、観察など）を思い出す
・具体例の背後にある一般的な傾向（他者とも共有できる要素）を探る

　こうした発想は、日常生活で無意識に使っています。「テストで高得点を取り、友人に自慢したところ嫌われた」といった体験をしたとします。すると、「人は自慢話をされると厭味を感じるものなのか」と一般的傾向を知り、別の友人に自慢話をするようなことはなくなるでしょう。
　したがって、**帰納法的なプロセスで意見を展開すると、読む側に自然に受け入れられる**のです。と同時に、自分の体験や社会観察に基づいた話ですから、「あなたの意見」らしいのです。「日ごろから問題意識を持って社会を観察している」という姿勢をアピールすることができます。
　また、帰納法とは学問が発達したプロセスそのものです。大学で学ぶさまざまな学問が成立する過程には、多くの研究者の体験、観察、実験などの事実があります。ゆえに、帰納法を用いて持論を構築できる力を示せられれば、大学での学問に対する適応性を表せるのです。

【小論文 ULTRA メソッド・その2（論理―帰納法）】

　　a. テーマに関連した具体例（体験、観察など）の想起
　　　　　　　　　　↓
　b. 具体例の背後にある一般的傾向（他者とも共有できる要素）の探索
　　　　　　　　　　↓
　　c. 意見の決定

　帰納法で考えるプロセスは、メモをとっておきましょう。図2-②-2にメモづくりの事例を示しますので、参考にしてください。

図2-②-2：メモづくりの例（帰納法）

テーマの確認	高齢期をどう迎えるか
具体例の想起	80歳を過ぎても日本舞踊の師範としてカルチャーセンターなどで元気に活躍している祖母
一般的傾向の探索	なんらかの特技を持ち、その能力を発揮できる場があれば、高齢者も社会で生きがいを感じながら生きられる
意見の決定	より多くの人が社会で生きがいを持って暮らせるため、高齢期を迎えるにあたって、個人個人で老後の生きがいを考えたり、高齢者の能力を発揮できる場を社会が用意したりする準備が必要だ

ココでカセぐ!!

　帰納法を使うときは、「具体的事実」と「事実の背景にある法則（他の事実との共通点）」を、必ずワンセットで提示してください。具体的事実は、「自分で考えた」過程を示す証拠になりますが、背景にある法則を示さないと特別な事例に終わってしまい、広がりのある意見にはならないからです。
　逆に、具体的事実を書かずに、一般的傾向だけを根拠として提示すると、「だれでも書けそうな陳腐な一般論」になってしまいます（演繹法での注意）。

Part2 小論文への応用

②常識や法則を活用する演繹法

　具体的な事実、現象から一般的な傾向を探る方法が帰納法でしたが、演繹法はその逆です。つまり、**一般的、抽象的な傾向から具体的な事例を考える**方法です。例えば、《練習問題》を演繹法で考えると、こうなります。「人間はからだもこころも健康でいたいと願うものだ」という常識があります。ここから「高齢期の迎え方」を探っていくのです。

　「人間はからだもこころも健康であってこそ、生きていて楽しいものだ。高齢者も人間だから、楽しい人生をおくるには、からだとこころの健康が必要だ。それゆえ、肉体的な健康維持だけでなく、生きがいを感じるなど、精神的な健康の維持が大切だ」と思考を進めていくのです。

　こうした考え方は「三段論法」ともいいます。三段論法とは、「**A＝Bである。B＝Cである。よって、A＝Cである**」と結論を導く方法論です。今の高齢者の議論もこのような形にして表すことができます。

・**からだだけでなく、こころの健康維持も人間には必要だ。（A＝B）**
・**人間のなかには、もちろん高齢者も含まれる。（B＝C）**
・**よって、肉体と精神の健康維持は、高齢者にも必要だ。（A＝C）**

　実践的な話をすると、小論文のテーマというのは、「現代社会で人が巻き起こす問題」ですから、それらについての常識、前提を知っておくと、次のようにあらゆる小論文の問題を演繹法で解くことができます。

・**現代社会で人が巻き起こす問題の特徴とは、△△だ。（△△は傾向）**
・**○○も、現代社会の問題の一つだ。（○○は小論文のテーマ）**
・**よって、○○は、△△だ。**

○○に相当するのは、「高齢化社会」「国際化社会」「情報化社会」「環境問題」「教育問題」「性差問題」「医療問題」などです。△△に相当する傾向は、「科学技術の発達」「民主主義の浸透」などです。これについては、後で詳しく説明します。

　実はこうした演繹法的な発想も、学問には欠かせません。すでに先人が発見し、提唱した理論や法則を参考にして問題の解決策を考えるのも学問だからです。それゆえ、こうした発想も評価されます。

　ただし、演繹法で考えると、一般的傾向を使うため、「あなたらしさのない一般論」になりがちです。そのため、「自分らしさ」も主張できるよう、具体的な体験や観察も添えておくと効果的です。

　なお、演繹法で考えるときも、思考過程をメモしながら結論を導いていきましょう。図２－②－３に参考事例を示します。

　帰納法、演繹法を理解できたら、《練習問題》について、独自に考えをつくってみましょう。図２－②－４、図２－②－５に書き込みながら、それぞれ帰納法、演繹法を実践してみるのです。

【小論文 ULTRA メソッド・その３（論理―演繹法）】

現代社会の一般的傾向の想起
↓
小論文の問題で問われる具体的なテーマへの適用
↓
意見の決定
↓
証拠としての具体例の補足

Part2 小論文への応用

図2-②-3：メモづくりの例（演繹法）

テーマの確認	高齢期をどう迎えるか
一般的傾向の想起	そもそも人間は、からだとこころの双方の健康を維持することが必要だ
テーマへの適用	高齢者になっても、からだとこころの双方の健康が必要であるという前提は変わらない
意見の決定	高齢化を迎えるにあたり、高齢者が肉体的にも精神的にも健康を維持できる環境をつくる必要がある
具体例の補足	からだとこころの健康を保つために祖母は日本舞踊をやっている

ココでカセぐ!!

演繹法では、だれもが認めてくれそうな一般的傾向（常識、法則）を根拠として提示するので、より多くの人の納得を得られます。

しかし、欠点もあります。「だれもが認めてくれそうな一般的傾向」を根拠にするわけですから、「だれでも書ける答案」になってしまうのです。いわゆる「一般論的答案」、「紋切り型答案」です。

そこで、独自性を示すために、「あなたらしさを訴えるための具体例」を添えます。自分自身でその一般的傾向を実感してきたことを具体的に示すのです。

図2-②-4:メモづくりの実践(帰納法)

テーマの確認	高齢期をどう迎えるか
具体例の想起	
一般的傾向の探索	
意見の決定	

図2-②-5:メモづくりの実践(演繹法)

テーマの確認	高齢期をどう迎えるか
一般的傾向の想起	
テーマへの適用	
意見の決定	
具体例の補足	

Part2 小論文への応用

3. つくった論理を「整理」する（Trimming）

① 小論文に盛り込む3要素

　帰納法や演繹法などの考え方を使って、論理（論とその理由）はできあがってきました。そこで、**小論文としての形を整え、設問の要求とすり合わせるために、考えた結果をいくつかの要素に整理する必要**があります。トリミング(Trimming) するのです。整理する基準は、「論点」、「論」、「論拠」の3点です。

■論点、問題提起

　論点とは、「論の焦点」です。「なにについての論か」を理解してください。多くの小論文の問題では、「○○について、あなたの考えを述べよ」というようにテーマが決まっていますから、論点とは「○○について」だと考えればいいでしょう。

　しかし、「次の文章を読んで、あなたの考えたことを述べよ」「3つの図表で示されていることをまとめたうえで、あなたの考えを述べよ」というように、設問では論点が設定されていない場合もあります。そうしたケースでは、**自分で論点を設定する必要**があります（下線部）。

　《練習問題》で考えるなら、「文章の筆者は、こう主張していた。つまり、日本では寝たきりや認知症の問題があるから手放しで長寿を喜べない。ゆえに、老後の過ごし方を真剣に考える必要があると。そこで、高齢期をどう迎えるかについて考えたい……」というように自分で論点を設定します。

　論点の設定については、このように「〜について考えを述べたい」と表現してもいいでしょうし、次の下線部のように疑問文の形で表現しても構いません。「文章の筆者は、日本では手放しで長寿を喜べないから、

老後の過ごし方を真剣に考える必要があると述べていた。では、高齢期をどう迎えればよいか……」など。

　論点を設定することは、このように自分で問題を投げかけることにもなるので、問題提起ともいいます。

■論、意見

　すでに何回か説明しているように、論とは、意見、考えのことです。**疑問文で問題提起（論点提示）したならば、論はそれに対する「答え」になっていなければなりません。**

　例えば、《練習問題》の「高齢期をどう迎えるか」といった問い（論点）に対する答え（論）として、「高齢期を迎える以前に、個々人が老後についてしっかり備えることが重要だ」といったものが考えられます。

■論拠、理由

　３つめの要素である論拠とは、「論の根拠」です。帰納法や演繹法であれやこれやと考えた過程です。**論の確かさを示す説明部分**です。そこには証拠としての具体例なども含まれます。上の《練習問題》に対する論の例でいうなら、次のような要素が論拠となります。「なぜなら、退職後の生きがいを保つにも、生活資金を確保するにも、若いころからの備えが必要だからだ。例えば、私の祖母は、日本舞踊の師範として生きがい、生活資金を保っている」など。

Part2 小論文への応用

【小論文ULTRAメソッド・その4（整理―小論文の3要素）】

●**論点（論の焦点）**
「～について」「～とはなにか」などで表されるテーマ。設問で明示されるときと、明示されないときがある。明示されないときは、自分で適当な論点を設定する。

●**論**
「私は～考える」という自分の考え。論点に対してストレートに答えたものにする。

●**論拠（論の根拠）**
「なぜなら～」などで表される、自分の考えに対する根拠。証拠としての具体例も含む。

そこで、図２－③－１を参考にして、《練習問題》について自分で独自に考えた「論」、「論拠」を図２－③－２に整理してみましょう。

図2−③−1：論点、論、論への整理（参考例）

論点	高齢期をどう迎えるか。
論	私は、高齢期を迎える以前に、個々人が老後についてしっかり備えることが重要だと考える。
論拠	なぜなら、退職後の生きがいを保つにも、生活資金を保つにも、若いころからの備えが必要だからだ。例えば、私の祖母は、日舞の師範として生きがい、生活資金を保っている。

図2−③−2：論点、論、論への整理

論点	高齢期をどう迎えるか。
論	
論拠	

Part2 小論文への応用

②序論・本論・結論

　論点、論、論拠の3つの要素が決まったら、それらを並べる順序を考えます。「段落構成」を決める段階です。小論文の問題では「このような構成で書きなさい」という指示はあまり出ませんが、指示があるときは、「序論・本論・結論」のパターンです。

　ただし、指示がなくとも、**序論、本論、結論の構成でまとめる習慣**を身につけておきましょう。なぜなら、もし「序論・本論・結論の構成で書きなさい」といった指示があった場合にそれを理解していないと対応できませんし、大学に入学後、レポートや論文を書くときにも応用できるからです。また、字数が少ないときは、序論・本論・結論を簡単にした「結論・論証」の型で書くといいでしょう。

　なお、序論、本論、結論の構成は、以下のように、前のページで説明した小論文の3点セット（論点、論、論拠）を順に並べる形式です。

・序論：論点＋論
・本論：論拠（具体例を含む）
・結論：論の確認

　読解資料が与えられている場合は、序論の冒頭に、「導入」として、簡単に資料の内容をまとめておくと、理解力をアピールできます。

　また、**テーマと自分が将来進む方向（大学での学び、卒業後の進路など）が関連しているなら、結論の最後で「方向性」として将来展望を示し**てもよいでしょう。方向性も、テーマに関する「あなたの考え」の一環ですから、効果的な結びになるのです。

【小論文 ULTRA メソッド・その5（整理—「序論・本論・結論」パターン）】

a. 序論・本論・結論の基本
・序論：論点＋論拠
・本論：論拠（具体例含む）
・結論：論の確認

b. 序論・本論・結論の応用
・序論：（導入＋）論点＋論拠
・本論：論拠（具体例含む）
・結論：論の確認（＋方向性）
※導入：資料の内容などについてのまとめ
※方向性：論と関連した自分自身の将来の方向（学問、卒業後の展望）

　それでは、図2－③－3を参考にして、《練習問題》について、自分で独自に考えた結果を図2－③－4の「序論・本論・結論」のそれぞれの欄に整理してみましょう。

Part2 小論文への応用

図２−③−３：「序論・本論・結論」パターンへの整理（参考例）

序論	文章の筆者は、平均寿命の延びを手放しで喜べないこの時代、高齢期の過ごし方を真剣に考える必要があると主張している(**導入**)。では、高齢化をどう迎えればよいか(**論点**)。私の考えでは、個人が老後についてしっかり備えることが重要だ(**論**)。
本論	なぜなら、退職後の生きがいを保つにも、生活資金を保つにも、若いころからの備えが必要だからだ(**論拠**)。例えば、私の祖母は、日舞の師範として生きがい、生活資金を保っている(**具体例**)。
結論	ゆえに、これほど平均寿命が延び、高齢者の比率がますます高まる今後、老後への備えが必要だ(**論の確認**)。私が学ぼうとしている経済学における課題としても、高齢期の生活設計について問題意識を持ち続けたい(**方向性**)。

図２−③−４：「序論・本論・結論」パターンへの整理

序論	
本論	
結論	

③変則的な構成

　与えられている字数が少ないときは、結論部分は論の確認ですので、省いても構いません。それを「結論・論証」型の構成といいます。次のような2段構成になります。
　まず「結論」には、「論点」と「論」を提示します。
　次に「論証」で、「論拠（具体例を含む）」を提示します。

【小論文 ULTRA メソッド・その6（整理—「結論・論証」パターン）】

・結論：論点＋論拠
・論証：論拠（具体例含む）

（例）

・結論：高齢化をどう迎えるか（**論点**）。私は、個人が老後についてしっかり備えることが重要だと考える（**論**）。

・論証：なぜなら、退職後の生きがいを保つにも、生活資金を保つにも、若いころからの備えが必要だからだ（**論拠**）。例えば、私の祖母は、日舞の師範として生きがい、生活資金を保っている（**具体例**）。

Part2 小論文への応用

4. 答案用紙に「表現」する際の注意（Action）

①字数制限を守って書く

　段落構成までできたら、あとは実際に答案用紙に書く（Actionする）のみです。そこで、本番（書き）で注意すべきことを2点説明します。

　　第一に、**「字数制限」を守って書く**こと。
　　第二に、**「表現・表記のきまり」を守って書く**こと。

　まず、字数制限について説明します。小論文の設問では、字数の指定は、ほとんどが「○○字以内で書け」という形で表されます。これでは、「最低でもどのくらい書かなければいけないか」がわかりません。しかし、出題者の意見を聞くと「時間をこれだけ与えているのだから、○○字くらいは書いてほしい」というのがねらいのようです。それゆえ、できるだけ○○字に近い字数で書く必要があるのです。

　そこで、今まで練ってきた構成内容を指定字数近くにまでふくらませる必要があります。構成を練った段階では、まだまだ骨格ができたばかりだからです。そこで、以下に、趣旨を変えずに内容を豊かにし、字数をふくらませる5つのコツを示します。学者、評論家、記者など、文章を書くプロも駆使している方法ですので、参考にしてください。

　下線部が、ふくらんでわかりやすくなった部分です。こうしたメソッドを意識的に使うことにより、文章を書くことが得意になります。

■言い換え
　「つまり」「すなわち」「言い換えれば」などによって、別の表現に言い換える方法です。より強く相手に伝わります。

（例）「だれかに認められるとうれしい」
→「だれかに認められる、つまり、他者によって存在価値が証明されるとうれしい」

■詳しい説明

　具体例を述べるとき、より詳しく述べる方法です。「いつ、どこで、だれが（を）、なにが（を）、どうした」などを詳しく説明することによって、わかりやすさを与えます。
（例）「祖母は若いころから今の仕事に従事してきた」
→「祖母は子育てから解放された30代後半から、今の仕事に従事してきた」

■掘り下げ

　一度説明したことを、「なぜか」と自問し、さらに掘り下げます。説明に深みや幅を加えます。
（例）「人に喜ばれると生きがいを感じる」
→「人に喜ばれると生きがいを感じる。なぜか、それは他者が自分の存在価値を証明してくれたことになるからだ」
→「人に喜ばれると生きがいを感じる。なぜか、それは他者が自分の存在価値を証明してくれたことになるからだ。なぜ、他者による証明が必要なのか。それは、自分の存在価値などというものは、自覚しにくいからだ」

■得意分野への誘い込み

　自分の得意分野に関連づけて説明します。独創性が加わります。
（例）「人には年齢に応じた社会的役割がある。高齢者にも、高齢者であ

Part2 小論文への応用

るからこそ果たせる役割はある」
「人には年齢に応じた社会的役割がある。高齢者にも、高齢者であるからこそ果たせる役割はある。例えば、私の趣味は映画鑑賞だが、70歳を過ぎ独自の役を演ずる俳優も多い」

■予想される反論への譲歩

あえて反論を挙げ、それをひっくり返す手法を「譲歩」といいます。反論者に「譲り、歩み寄る」姿勢を示すので、バランス感覚を訴えられます。なお、譲歩構文は「なるほど(もちろん、たしかに)～かもしれない。しかし……」といった形をとります。

(例)「高齢者も動ける範囲で動くことは大切だ」
→「高齢者も動ける範囲で動くことは大切だ。なるほど、高齢者になれば体力もおとろえ、病気にもなり、動くこと自体が不可能になるかもしれない。しかし、寝たきりや認知症にならないためにも、動こうという意志を持ち続けることは重要だ。機能維持のための運動ならば、微動でもよいのだ」

こうした表現技術を使い、指定字数までふくらませて答案を書きます。各段落の字数の目安は、「序論：本論：結論＝1：2：1」です。
《練習問題》は、全体で600字以内ですから、序論と結論が150字くらい、本論が300字くらいです。前のページでまとめた各部分の内容を、こうした目標字数までふくらませながら書いていきましょう。

【小論文ULTRAメソッド・その7（表現—内容をふくらませるコツ）】

●言い換え
「言い換え」で使う表現
・「つまり」「すなわち」「言い換えると」など

●詳しい説明
「詳しい説明」の方法
・時間の詳しい説明、場所の詳しい説明、状態の詳しい説明など

●掘り下げ
「掘り下げ」の方向
・別の根拠を探る、深い根拠を探るなど

●誘い込み
「誘い込み」で使う分野
・得意な科目、得意なスポーツ、得意な趣味、得意な社会問題など

●譲歩
「譲歩」で使う表現
・「なるほど（もちろん、たしかに）〜かもしれない。しかし……」など

Part2 小論文への応用

②表現・表記のルールに従って書く

　原稿用紙の使い方や、ことば遣いのルールも守りましょう。こうしたミスでも確実に減点されますので、せっかく論理的に考えて、構成まで練ったのにもったいないです。なお、表現・表記の基本的なきまりは、国語表現の本などにも細かく出ていますので、ここでは、ポイントのみ示しておきます。

【小論文 ULTRA メソッド・その8（表現―表現・表記のルール）】

●**原稿用紙の使い方**
- 「意味のまとまり」で段落分けをする
- 序論・本論・結論で段落分けする（3段落構成）
- 序論・本論2段落（具体例＋論拠）・結論で分けてもいい（4段落構成）
- 段落の初めは1マス空ける
- 200字程度なら段落分けする必要なし

●**一人称代名詞**
- 自分のことは「私」

●**文末表現の統一**
- 常体＝「である、だ」調、敬体＝「です、ます」調があるが、文末は「常体で統一」

●**一文の長さ**
- 長い文は主述関係、修飾関係があいまいになる
- 一つながりの文の長さは短く、歯切れよく
- 「～し、～して」などとダラダラつなげず、細かく言い切る。「～する。そして～」「～する。それが～」などと接続語や指示語でつなぐ。
- 「筆者は、～と述べる」などと長引くときは、「筆者は、次のよう

に述べる。つまり、〜」などとつなぐ。
- 「私は、〜と考える」などと長引くときは、「私は、以下のように考える。つまり、〜」などと歯切れよくつなぐ。

● **会話調・略字・略語**
- 会話調は使わない
- 略字、崩し文字は使わない（「門」がまえ「第」などに注意）
- 略語は使わない

● **記号表記**
- 次のような欧文記号は基本的には使わない 「〜？」「〜！」「"〜"」
- 『〜』の使い方に注意（「〜」内のカッコか、作品名として使う）

● **数字・アルファベット**
- 縦書きでは基本的に数字は漢数字
- 縦書きでは基本的にアルファベットは使わない
- 横書きでは、数字、アルファベットは１マス２字まで入れられる

● **字の巧拙**
- 「字が読みにくい」と指摘されたことのある人はていねいに書く

● **自信のない漢字**
- 自信がなければ別のひらがなことばで表す

● **呼応表現**
- 呼応は結びに注意
  「まったく〜ない」「ぜんぜん〜ない」「もしも〜ならば」「たぶん〜だろう」など

● **「思う」の連呼**
- 「思うこと」、「考えること」を書くのが小論文だから、「思う」や「考える」は連呼しない（論を提示するときだけでいい）

Part2 小論文への応用

それでは、字数制限、表現・表記のルールに注意して、《練習問題》について考えてきた成果を実際に答案として書いてみましょう。

その前に、小論文の答案作成の流れを再確認しておきます。次のような流れに従って解くことが、合格答案への王道です。

こうした流れでまとめた《練習問題》の解答例も示しておきました。参考にしてください。

【小論文 ULTRA メソッド・その9（合格答案への王道）】

●理解する（Understanding）
・設問の要求を理解する
・資料の内容を理解する
・出題の背景を理解する

●論理をつくる（Logic）
・帰納法
具体例（体験や観察）の思い出し
↓
一般的傾向（他者と共有できる要素）の探り

・演繹法
だれもが認める前提、常識の思い出し
↓
具体的なテーマへの当てはめ

●書くべき内容を整理する（Trimming）
・論理を整理する
（論点、論、論拠）

- 段落構成を決める
（序論・本論・結論）

●わかりやすく書く（Action）
- 指定字数へとふくらませて書く
- ルールに従って書く
（字数や日本語の表現・表記規則に従って書く）

《解答例》

　文章の筆者は、寝たきりや認知症の問題もあり、平均寿命の延びを手放しで喜べないこの時代、高齢期の過ごし方を真剣に考える必要があると主張している(**導入**)。では、そのような不安な要素がある高齢期をどう迎えるか(**論点**)。結論からいえば、私は、個々人が高齢期に向けてさまざまな準備をすることが重要だと考える(**論、以上序論**)。

　そう考える理由は、以下のとおりだ。平均寿命まで生きるとすれば、定年退職後は約20年もある。社会の第一線から退いた状態で、そんなに長い時期を充実して過ごすには、それだけの経済力と生きがいが必要だ。そのために、若いときから高齢期のための生活資金や生活様式、趣味、社会参加活動などについて考え、準備しておく必要がある(**論拠**)。実際、私の祖母は80歳を超えているが、日本舞踊の師匠として毎日生き生きと暮らしている。「なにもやってない同級生は、みんな老け込んじゃって」というのが口癖だ。祖母のように、高齢者になっても活かせる特技があれば、収入や生きがいを生み出せるのだ(**具体例、以上本論**)。

　以上のことから、長生きしたことを喜ばしく思えるために、高齢期を

Part2 小論文への応用

迎えるまでに、さまざまな準備をしておく必要がある(**論の確認**)。私が学ぼうとしている経済学でも、高齢者雇用のあり方や、年金制度の見直しなど、問題がたくさんある。次世代の経済を担う当事者としても、この問題意識は持ち続けたい(**方向性、以上結論**)。(約600字)

ココでカセぐ!!

・序論
　短いものですが、資料として文章が提示されていますので、読解内容を「導入」部で簡単に示しておきましょう。それを受けて「論点」を設定します。設問の理解から「高齢期の迎え方」と関連づけて論点を設定する必要があることがわかります。そして、ここで率直なあなたの「論」を出しておきます。

・本論(具体例を含む論拠)
　論理づくりの段階で考えた成果をここにまとめます。今回は帰納法で考えましたから、「具体例」と「一般的傾向」の部分になります。どちらを先に書いても構いません。

・結論(論+方向性)
　結論では、「以上のことより、やはり〜と考える」と序論で出した論を確認します。そして、もしその論が自分の将来の方向と関連するようならば、その関連性(方向性)も示すと前向きな姿勢を訴えられます。ただし、思いつかなければ無理に書かなくても構いません。

　以上、練習問題についての答案例についてコメントしました。ただし、あなたの考えを述べるのが小論文ですから、上に示した答案がたった一つの正解ではありません。設問や資料の理解に基づき、論理的に自分の考えを示すことができれば、十人十色、百人百様の正解、すなわち合格答案がありえます。答案例では、内容よりも、構成の組み方や表現や表記の仕方を参考にしてください。
　なお、このほかにも以下のような考えを訴えることもできます。参考にしてください。

・「こうした時代に高齢期を迎えるにはどうすればよいか(**論点**)。私の考えでは、高齢期を迎えた者同士がお互いに助け合うことが重要だ(**論**)。なぜなら、高齢者同士は価値観も近いし、同様の境遇なので遠慮もいらないからだ。また、若い世代にはかれらなりの生活や考えが

あろうし、高齢者を介護する時間的、金銭的余裕がないかもしれない(論拠)。」

- 「こうした時代に高齢期を迎える人々に必要なものはなにか(論点)。それは、政府のしっかりした福祉政策だ(論)。なぜなら、今の日本には高齢者が自立できる環境が整っていないからだ。職に就く機会も少ないし、その機会を増やすための学習機会も少ない。こうしたことは直接的な利益には結びつかないので、民間企業では実行しにくい。やはり政府の仕事だろう(論拠)。」

Part2 小論文への応用

③答案の評価基準

書いた答案は、以下の基準で自己チェックしましょう。また、周囲に評価してくれる人がいれば、他者からのチェックもお願いしましょう。

・設問や資料を理解した答案になっているか(**理解力**)
・自分の考えが、はっきりわかりやすく出ているか(**意見の明示性**)
・考えに対する根拠はしっかり示されているか(**論理性**)
・独自に具体的な証拠を提示しているか(**具体性**)
・表現や表記のルールに沿って書けているか(**表現力**)

これらの5つの基準を「とてもよくできている(2点)、まあまあできている(1点)、できていない(0点)」の3段階で評価します。合計が0点から10点へとバラつきます。

7点〜8点以上を合格点として設定し、足りない部分があったら、そこを強化していきましょう。図2−④−1に評価基準表を示します。

> **【小論文ULTRAメソッド・その10(自己評価・他者評価)】**
> ※書いた答案のチェック
>
> ・理解力／意見の明示性／論理性／具体性／表現力を3段階評価
> ↓
> ・合計点の計算(7〜8点が合格ライン)

図2-④-1:小論文評価表

評価点	内容	判定基準(得点)	得点
理解力	設問や資料を理解した答案になっているか	よく理解できている(2点) まあまあ理解できている(1点) 理解できていない(0点)	
意見の明示性	自分の考えが、はっきりわかりやすく示されているか	考えをはっきり示している(2点) 考えをとりあえず示している(1点) 考えがわかりにくい(0点)	
論理性	考えに対する根拠はしっかり示されているか	根拠をしっかり示している(2点) 根拠はとりあえず示している(1点) 根拠があいまいだ(0点)	
具体性	独自に具体的な証拠を提示し、分析しているか	具体例を示し分析している(2点) 具体例の提示のみある(1点) 具体例の提示がない(0点)	
表現力	表現や表記のルールに沿って書けているか	ルールをよく守っている(2点) ほぼ守っている(1点) ルール違反が多い(0点)	
		合計点	

Part2 小論文への応用

④テーマ別小論文の攻略

　AO推薦入試の小論文には、「環境問題」「高齢化」「グローバル化」、「情報化」など、よく出題されるテーマがあります（以下の「小論文の代表的なテーマ」参照）。それぞれ「**どんな問題なのか**」「**なにが原因なのか**」「**どんな対策があるのか**」などを知っておくと、課題の文章を読むうえでも役立ちますし、自分の考えを生み出す参考にもなります。

　また、志望理由書や自己推薦書をまとめる際にも役立ちます。よく読み、理解し、問題意識を育んでください。

※小論文の代表的なテーマ
a. 少子高齢化社会／b. 環境問題／c. 情報化社会／d. 性差問題／
e. 教育問題／f. グローバル化社会／g. 「豊かさ」論／h. 文化論／
i. 国家論／j. 医療問題／k. 食糧問題

　ただし、ことばだけの理解だとなかなか問題意識までは高まりません。ですから、これらのテーマに関連した身の回りの現象も、あわせて整理しておくと有効です。各テーマの後にある空欄には、できるだけそうした素材（テーマに関連した体験、観察）を書き込んでおきましょう。

　《演習問題》として、そのテーマに関する代表的な小論文の「問」も用意しましたので、取り組んでみてください。いずれも、60分以内に書くことを目標にしてください。時間配分は、「理解＋論理づくり＋整理（U・L・TR）」に10分から20分かけて、残りの30分から40分で「表現（A）」してみましょう。

a. 少子高齢化社会

　平均寿命が延びる一方で、生まれる子どもの数は減っています。そこでいろいろな問題が起こってきます。まず、**寝たきりや認知症など介護を要する人（要介護者）が増えている**という問題があります。また、人口の構成比が変わったために、今までのように**「たくさんの若い労働者が数少ない高齢者の老後の生活を面倒見る」という年金制度が成り立たなくなる**という問題も生じています。

　こうした問題に対して、**介護保険制度などが整ってきました**。若いときから保険料を払い込み、高齢者になって介護が必要になったら、有料の介護サービスを利用するときに自己負担が少なくてすむという制度です。ほかにも、**自分の老後は自分で設計する必要性**が出てきました。

【小論文ULTRAメソッド・その11（テーマ別攻略—少子高齢化社会）】
※少子高齢化社会のキーワード

- **合計特殊出生率**
  一人の女性が一生に産む子どもの数の平均値、20世紀後半から低下してきた
- **平均寿命の延び**
  第二次大戦後、日本の平均寿命は急速に延び、世界最高に達する
- **公的介護保険制度**
  一定期間に保険料を支払うと、要介護の程度に応じて介護料金の補助が出る
- **年金、保険料の増額**
  少子高齢化により、個人負担額が増加している

Part2 小論文への応用

※少子高齢化社会についての身近な事例の整理

[   ]

演習問題1

　21世紀の日本社会では、平均寿命の延びから高齢者の人口が増えています。一方で、やがて労働者となり、社会で活躍すべき子どもの数は減っています。このような社会には、どんな問題が生じますか。そして、その問題にどう対処すればいいでしょうか。あなたの考えを述べなさい（600字）。

《解答例》

　高齢者が増え、子どもの数が減っていく少子高齢化社会においては、どんな問題が生じるか。また、その問題にどう対処すればよいか（**論点**）。結論からいえば、高齢者介護が大きな問題であると、私は考える。そして、この問題に対処するには、個々人が高齢期に向けてさまざまな準備をすることが重要だと思う（**論、以上序論**）。

　なぜなら、現在、日本の高齢者介護は、介護保険料や税収によってまかなわれているからだ。労働者が減っていくと、個人の労働生産性が著しく高まらないかぎり、人口の減少とともに、財源も少なくなる。逆に、介護の対象となる人は増えるので、日本の公的介護支援制度はこのままだと破綻してしまう。それゆえ、介護を要する高齢者の増加を食い止める必要がある。それには、若いころからの準備が必要だ。まず、要介護

にならないため、つまり可能な限り自立を保つため、歳を重ねても健康を保つ準備が必要だ。また、たとえ介護が必要になったとしても、公的支援に頼らず自費で望む介護を受けられるような経済的な蓄えも必要だ（**論拠**）。実際、私の祖母は80歳を超えるが、日本舞踊の師匠として生き生きと暮らしている。若いころからの鍛錬により、健康も保ち、収入も得ているのだ（**具体例、以上本論**）。

　以上のことから、少子高齢化社会に臨んで、高齢者介護が大きな問題となるため、個々人が要介護にならないための努力をする必要がある（**論の確認、以上結論**）。（約600字）

ココでカセぐ!!　《練習問題》で使ったネタを流用しています。このように、一度考えたテーマについては、具体例や考察、分析結果を使いまわすことができますので、さまざまなテーマに関する「体験談」や「身近で観察した事例」はまとめておくとよいのです。

Part2 小論文への応用

b. 環境問題

　科学技術の使用により、地球の生態系、すなわち人間自身の住家を崩壊させる問題が発生してきました。**地球温暖化**、**オゾン層破壊**、**酸性雨**、**ダイオキシン**、**環境ホルモン**などの問題です。

　これに対し、**有害物質を出すエネルギー（化石燃料など）を使いすぎないこと**や**リサイクル**など、対策が求められています。なお、消費者、企業、政府など、立場の違いに応じて、さまざまな対策があります。

【小論文 ULTRA メソッド・その12（テーマ別攻略―環境問題）】
※環境問題のキーワード

- **化石燃料**
  化石のように長年かかってできた石炭や石油などの燃料

- **地球温暖化**
  熱をためこむ二酸化炭素などの増加が招く気温の上昇。生態系の破壊や両極圏の氷の融解による海面上昇を招いている

- **酸性雨**
  化石燃料の燃焼から出る気体と空気中の水が反応し、強酸性の雨になる

- **オゾン層破壊**
  フロンガスなどで上空のオゾン層が破壊され、穴（オゾンホール）が開き、有害な紫外線の地球への侵入を許し、皮膚がんや白内障の原因になっている

- **環境ホルモン**
  生物体内のホルモンに似た分子構造の物質（外因性内分泌撹乱化学物質）で、体内に入りメス化など異常を起こす

※環境問題についての身近な事例

演習問題2

　発電、輸送、工場の稼動などでたくさんの石油が使われています。その結果、大気中に排出されたガスが原因となって、地球温暖化や酸性雨などの環境問題が生じました。そこで、こうした問題に、生活者の立場からどう取り組めばよいか、あなたの考えを述べなさい(600字)。

《解答例》

　生活者の立場から、環境問題にどのような取り組みができるか(**論点**)。私は、できるだけゴミを出さない努力が必要だと考える(**論、以上序論**)。

　なぜなら、大量のゴミは3つの点から考えて、自然環境にマイナスをもたらすからだ。第一に、ゴミは埋め立てたり焼却したりするが、いずれにしても環境を汚染する。第二に、今はゴミとなったものでも、もともとは自然の資源だ。急激に使い過ぎれば、再生する前に枯れてしまう。第三に、ゴミを運搬する車からも排気ガスが出る(**論拠**)。私の身の回りでも、たくさんのゴミが出る。例えば、紙だ。新聞、雑誌、本、プリント類だけでなく、牛乳などの容器としても使われている。使い終わった紙を燃やしてしまえば、二酸化炭素が出て、地球温暖化の原因とな

Part2 小論文への応用

る。再生紙など、リサイクルも進んでいるが、再び使える紙に戻すときにもエネルギーを使う。ゴミ収集車が走り回り、再生工場で機械が稼動するときも、二酸化炭素などのガスは出るのだ。そして、紙は植物から作られるから、光合成をして二酸化炭素を吸収してくれる資源を減らすことにもなる。そもそも紙を使わない努力が必要なのだ**（具体例、以上本論）**。

よって、環境問題の進展を防ぐには、ゴミを出さない生活が有効だ**（論の確認）**。大学では、「使い捨て」でなく「使い回し」が効くような商品を研究したい**（方向性、以上結論）**。（約600字）

ココでカセぐ!!

環境問題への取り組みにも、さまざまな方策が考えられます。設問の意図によって、どんなレベルでの対策を求めているのか、読みとったうえで答案をつくることが重要です。
以下、さまざまなレベルでの取り組みについて、紹介します。

・生活者レベル
「大量消費、大量廃棄の反省」「個人的な車使用などを減らして公共交通機関を利用する」など
・政府レベル
「環境汚染物質に対する法制度での規制」「環境保護活動の推進」など
・企業レベル
「環境汚染物質を排出しない製品づくり」「環境保護活動の実践とアピール」など

c. 情報化社会

　IT（情報技術、Information Technology）により、現代社会は便利になりましたが、個人情報の漏洩など、問題も生じています。

　また、ITを使える人と使えない人との間に**情報格差、すなわちデジタルデバイド（digital divide）が生ずる**ことも問題です。そこで、無批判にITを喜ばず、**メディアが提供する情報を批判的に見る精神、習慣が必要**になっています。

【小論文 ULTRA メソッド・その13（テーマ別攻略―情報化社会）】
※情報化社会のキーワード

- **IT（Information Technology、情報技術）**
  インターネットなど、情報通信を高度化するための技術
- **メディア・リテラシー**
  批判精神を持ってメディアの情報を受け、情報発信する力

※情報化社会についての身近な事例

演習問題3

インターネットの良い面と悪い面について、あなたの考えを述べなさい。（600字）

Part2 小論文への応用

《解答例》

　インターネットの良い面、そして悪い面とはなにか(**論点**)。私は、より多くの人の間で情報の格差が縮まったことが、良い面でもあり悪い面でもあると考える(**論、以上序論**)。

　なぜなら、インターネットの普及によってさまざまな人が活発に情報交流できるようになり、私たちは利益も得たが、同時に損害も被ったからだ。ほかの技術もそうだが、使う人の意図によって、インターネットは薬にも毒にもなるのだ(**論拠**)。私はインターネットでよく調べものをするが、新聞やテレビの「海外のニュース」では取り上げられない国の情報を見て、驚くことがある。その国の情報がインターネットで紹介され、気軽にアクセスできるようになったからこそ、私のような日本の高校生でもその国の存在を知ることができたのだ。偏りのない世界観を持つのにインターネットは役立った。しかし、頼んでもいないのに、宣伝や勧誘のメールが届いて困ることもある。交流したくない相手とつながってしまうことも、インターネットの特徴なのだ(**具体例、以上本論**)。

　このように、インターネットによって情報の「壁」がなくなったことが、良い面にも悪い面にもなる(**論の確認**)。大学に進学した後も、ウェブを活用して活発な情報収集と情報発信をしたいが、情報の真偽を見極める批判精神も養っていきたい(**方向性、以上結論**)。（約600字）

ココでカセぐ!! インターネットの良い面と悪い面、すなわち「功罪」は小論文の頻出課題です。功・罪それぞれについて、自分の体験談とも合わせ、考えておきましょう。

d. 性差問題（男女の不平等）

　日本には、「能力」や「意欲」ではなく、女か男かの「性」によって、家庭や社会での役割、評価が決まってしまう不平等さが残っています。そして、**そうした不平等をなくそうという運動も高まっています。**

　社会的性差（ジェンダー）を分担することから自由（フリー）になろうというので、ジェンダー・フリー運動ともいいます。

【小論文 ULTRA メソッド・その14（テーマ別攻略—性差問題）】
※性差問題のキーワード

- **ジェンダー・フリー**
  社会的性差（ジェンダー）を分担することから自由（フリー）になろうという考え
- **夫婦別姓**
  結婚して戸籍上で夫婦でも別の姓を登録することは、中国、朝鮮半島、台湾では常識（日本ではなかなか法案が成立しない）
- **待婚制度**
  離婚後に女性が一定期間は再婚できない制度（男性はいつでも再婚できる）
- **婚外子（非嫡出子）**
  戸籍上に母しか存在しない子、遺産相続で不利
- **M字曲線**
  日本や韓国の女性の年齢による就労率変化で、結婚や出産の時期に一時退職するため、M字のくぼみができるのが特徴

Part2 小論文への応用

※性差問題についての身近な事例

[   ]

演習問題4

「家庭内での夫と妻の役割分担」について、あなたの考えを述べなさい（600字以内）。

《解答例》

　家庭内で、夫婦はそれぞれどのような役割を演ずることが望ましいか（**論点**）。結論からいえば、「男」と「女」といった性別によって役割が割り振られるのではなく、お互いの話し合いによって個々人の意欲や能力に沿った役割を演ずることが望ましい（**論、以上序論**）。

　以下、その理由を述べたい。まず、日本でも教育における男女格差は縮まり、性とは関係なく社会で活躍する意欲や能力を持てる時代になった。にもかかわらず、「家庭を守るのは女性の仕事」といった価値観が残っているため、女性の場合、社会での活躍と結婚は二者択一の問題になってしまう。これでは、強い挑戦意欲や高い能力を持った女性が社会で活躍する機会は狭められてしまう。その問題を解消するには、家庭内での役割を分担し、調整する必要がある。家事や育児はやりたい人、できる人がやればいいし、お互いがやりたくないのであれば、相談して割り振るしかない（**論拠**）。実際、共働きの姉夫婦は、家事と育児を夫と分担して、お互いへの理解を深めている。また、職場は違うが、プロの職業

人として刺激し合っていると聞く(**具体例、以上本論**)。
　やはり、家庭内での役割分担は、性ではなく、当人同士の意欲と能力を踏まえて合意のもとに割り振ることが望ましい(**論の確認**)。私も両立を目指し、バランス感覚を養いたい(**方向性、以上結論**)。（約600字）

カコでカセぐ!!　性によって職業や家庭内役割が決められることのマイナス面について知っておくと、このテーマの出題があったときに応用できます。以下の2点を理解しておきましょう。

・意欲や能力があっても、正当に評価されない(個人の問題)
・有能でやる気のある人が登用されず、皆が損をする(社会の問題)

Part2 小論文への応用

e. 教育問題

　情報化や受験競争の影響で子ども同士がふれあう機会が減りました。その結果、人間関係でつまずく子どもや、過度にメディアから刺激を受けて他者や自己に対して破壊的な行為に走る子どもが目立ちます。新聞紙面、テレビでも、「**不登校**」「**いじめ**」「**学級崩壊**」「**引きこもり**」「**犯罪の低年齢化**」などの問題が頻繁に報じられています。

　同時に、「**学力低下**」の問題もよくメディアで取り上げられます。実際、OECD（経済協力開発機構）加盟国で学力・学習意欲調査が行われた結果、日本の子どもの学力・意欲が低下していることがわかりました。

　また、「**こころの教育**」「**生きる力を育む教育**」をうたった教育改革により、授業時間を大幅に削減する「**ゆとり教育**」が実施されましたが、同時に、学力の低下も心配されています。

【小論文 ULTRA メソッド・その15（テーマ別攻略―教育問題）】
※教育問題のキーワード

- **ゆとり教育**
  21世紀頭、義務教育のカリキュラムが大幅に削られたが、見直される

- **学級崩壊**
  学級内が無秩序になり、授業が成立しないこと

- **生きる力を育む教育**
  「こころの教育」とともに、20世紀末に学習指導要領に加えられた考え。「総合的な学習の時間」の導入などを招いた

- **21世紀 COE プログラム**
  世界トップレベルの研究と評価された大学に対して政府が与える支援

※教育問題についての身近な事例

[   ]

演習問題5

「こころの教育」「生きる力を育む教育」と同時に、「国際社会で活躍できる優秀な人材の育成」も望まれています。そこで、これからの学校教育はどうあるべきか、あなたの考えを述べなさい(600字以内)。

《解答例》

　これから学校教育はどうあるべきか(**論点**)。結論からいえば、個人個人の能力や意欲を引き出す教育へと転換する必要がある(**論、以上序論**)。

　以下、そう考える理由を述べたい。現在の学校教育は、1クラス数十名での集合教育が中心だ。しかし、情報化やグローバル化の影響で、子どもたちの価値観も多様化し、1クラスの目的意識がそろうことは難しい。また、塾などの民間教育機関が発達したため、学校よりも早く高度なことを習う生徒もいる。同じクラスでも、理解度がバラバラなのだ。そんな状況では、集合授業は成り立ちにくい。ならば、必要最低限の知識は教えるとしても、義務教育の段階から個々の生徒の得意分野を伸ばす支援をしてはどうか。1日中同じメンバーが同じクラスで集う必要はない。もっと柔軟なクラス編成ができれば、個性が磨け、交流も広がる。学問、スポーツ、芸術、それ以外の道にも、それぞれに国際舞台が

ある。個性を尊重した教育こそ、国際社会での活躍も促せるのだ(**論拠**)。実際、私の通う高校は単位制だが、授業を自分で選ぶため、責任感も参加意欲も高まった。そして、得意分野であるから楽しい(**具体例、以上本論**)。

　このように、成熟期を迎えた日本では、個性を尊重した柔軟な学校教育が求められる(**論の確認**)。大学では、社会に対する自分の個性の効果的な表現方法について研究したい(**方向性、以上結論**)。(約600字)

ココでカセぐ!!

教育は、社会生活を送るために必須の前提です。それゆえ、社会構造が変われば、教育内容も変わる必要があります。以下、経済成長期から低成長、成熟期に変わった時代の教育ニーズの変化についてまとめておきます。答案もこのことを前提として書かれています。

- 高度経済成長期
「皆で成長を目指そう」(目的意識の一致)
- 低成長期、成熟期
「やりがいを求めよう」「役割を分かち合おう」「個性を磨こう」(目的の分散、多様化)

f. グローバル化社会（グローバリゼーション）

　20世紀末、世界を二分していた資本主義国と社会主義国との「冷戦」構造がなくなり、政治、経済、文化の地球規模での交流はますます進みました。しかし、こうしたグローバルな交流により、問題も生じてきました。南北問題、南南問題など、**貧富の格差が露骨になったり、外国の影響を多大に受けるようになった地域で、その反動としてナショナリズム（民族主義）運動が起こったりしてきた**のです。そして、ほかの民族に対する排他性は、難民問題やテロリズムにも発展しました。

　こうした動きに対し、国連やNGO（非政府組織、Non-Governmental Organization）など、**国家を超えた機関の調整が必要**とされています。

【小論文ULTRAメソッド・その16（テーマ別攻略—グローバル化社会）】
※グローバル化社会のキーワード

- **冷戦の崩壊**
  米国と旧ソ連がにらみ合った冷戦は、社会主義の崩壊とともに終わったが、旧社会主義国でさまざまな紛争が生じた

- **南北問題**
  先進国（北側）と途上国（南側）の経済格差問題

- **南南問題**
  途上国間でも経済格差が開いている問題

- **グローカリズム**
  "Think globally. Act locally." を標語とし、地球規模（グローバル）での交流を、国家より小さく動きの速い地方自治体（ローカル）レベルで進めようという発想

Part2 小論文への応用

※グローバル化社会についての身近な事例

[   ]

演習問題6

　地球規模でさまざまな人々が交流しあう「グローバル化」が進展しています。しかし、グローバル化の進展とともに、国際的な紛争が頻発していることも事実です。そこで、こうしたグローバル化が進展する地球社会において、「共生」を実現するにはどうすればよいでしょうか。あなたの考えを述べなさい（600字以内）。

《解答例》

　グローバリゼーション下で「共生」を実現するために、どうすればよいか（**論点**）。結論からいえば、まず経済・政治的な問題を解決すべきだ。すなわち、世界レベルで貧困からの脱出を図り、生活の安定を確保すべきだといえる（**論、序論**）。

　こうした考えを抱く理由は以下のとおりだ。まず、グローバリゼーションの下で生じている対立は、一見、「文化、民族の異質性」から生じているようだが、背景には明らかに領土問題や経済格差がある。東欧の混乱も社会主義経済が破綻した結果起こった問題であるし、中東の対立ももともとは「ユダヤ教対イスラム教」といった宗教的対立ではなく、領土問題、すなわち政治問題である。そもそも「文化が違う」ことは、興味や

関心の対象にはなっても、攻撃の理由にはならない。太古からの異文化交流を見てもわかるとおり、「異文化を好意的に受け入れ、自らのうちの要素としたがる」のも、人間の本性だ(具体例)。それゆえ、対立、紛争に至った根本の原因である経済・政治的問題をまず解決すべきなのだ(論拠、本論)。

　以上の考察より、共生を実現するためには、国家間、民族間に残る政治経済的な問題を解決すべきだ。つまり、「地球レベルでの生活の安全・安定」を実現する必要がある(論の確認)。わたしが貴学の法学部を志す理由の一つが、まさにこの問題と関わる。国際安全保障を築くための手法として国際法を学びたいのだ(方向性、結論)。(約600字)

ココでカセぐ!!

　グローバル化の進展とともに各地で生じている紛争を、単に「文化・民族の対立」と考えてしまうと危険です。人は、かならずしも「文化・民族の違い」を理由にして争ったりしないからです。そこで、そうした対立が起こるメカニズムについて、理解しておきましょう。

・グローバル化
　とくに市場経済のグローバル化により、資源が富裕者に集中する
・反動的なナショナリズム
　外国人との「格差」が露呈すると「異文化排斥」思想が生まれる
・紛争
　さまざまな大義名分が施され、武力蜂起などが起こる
・対立の複雑化
　自らの活動を正当化するための「文化的・宗教的意味づけ」が行われ、あたかも文化・宗教の対立であるかのように問題の構造が複雑化する

Part2 小論文への応用

g.「豊かさ」論

　日本は、第二次大戦後の高度経済成長を経て、世界で有数の豊かな国になりました。しかし、そうした成長は安定期、成熟期を迎え、現在、**急速に築いた「豊かさ」への反省も生まれています**。例えば、「自然環境が貧相になった」「忙しいばかりで、こころにゆとりがなくなった」と自問する声が目立ってきたのです。

　そうした反省から、**「自然に優しい」「からだに優しい」「こころに優しい」**といった癒しブームも長く続いています。

【小論文 ULTRA メソッド・その17（テーマ別攻略―「豊かさ」論）】
　　　　　※「豊かさ」論のキーワード

- **市場経済**
「買いたい（需要）」と「売りたい（供給）」を市場で自由に合わせるため、政府は邪魔をせず、当事者たちに任せるのがよいという経済原理、資本主義のエンジン、競争が進んで「安くてよい品ができる」とされる

- **計画経済**
政府が生産や富の分配を計画的に行う経済のしくみ、社会主義の原理

※「豊かさ」論についての身近な事例

演習問題 7

「物質的には豊かになったが、精神的には貧しくなった」といわれます。こうした意見に対し、あなたの考えを述べなさい(600字以内)。

《解答例》

　現代は、物質的には豊かになったが、精神的には貧しくなった。私もそう思う。では、なぜそうなったのか、その理由を探ってみたい(**論点**)。結論からいえば、物質的な豊かさに安住してしまうと、想像力を働かせる余地がなくなり、精神的な成長が鈍るためだ(**論、以上序論**)。

　私は、高校1、2年のころ、人との接しかたを勉強する目的もあり、ハンバーガー店でアルバイトをしていた。そこでは、一定の時間を過ぎると、作り置きした商品を捨てていた。食中毒などを起こさないための処理だという説明には納得したが、正直「もったいない」と思った。また、厨房にいたときは自分が作ったものを捨てられる淋しさも感じた。こうした流れが可能なのは、食材の豊かさが保たれているからだ。しかし、その行為は、ハンバーガーという物質の背後に、それを作った人のこころがあることを想起しにくくしてしまう(**具体例**)。つまり、物質的な豊かさによって、すでにできあがった物やシステムを消費することに関心を奪われ、見えない世界への想像力が働きにくくなってしまうのだ(**論拠、以上本論**)。

　以上より、物質的な豊かさが精神の貧困を生んだ背景には、想像力の鈍化が関係している(**論の確認**)。そもそも、現代が豊かになったのは、創意工夫すなわち想像力が根底にあったからだ。磨くべきものは、まさに想像力なのだ。私は、技術や知識の習得に注力するだけでなく、こうした精神性の豊かさも保っていきたい(**方向性、以上結論**)。

Part2 小論文への応用

ココでカセぐ!!

　市場経済における豊かさは、とかく貨幣単位など、数値で示されやすく、それゆえ相対的です。平均的な給料が20万円の時代に50万円もらえば、「豊か」と感じたかもしれませんが、平均が50万円になれば、もう「豊か」とは感じません。

　そこで、もっと「豊か」になろうと、「嫌なこと」「辛いこと」をしてでもお金を稼ごうとしてしまいます。すると、だんだん「人間らしさ」を失い、寂しくなっていきます。

　これが人間疎外の問題です。人として「疎ましい存在」「外れた存在」になってしまうのです。この構造を理解しておくと、物質的な豊かさの追求に有効な批判ができます。

h. 文化論

　文化とは、その地域の気候や風土に合うように発生してきたものです。それゆえ、各地域にある文化はそれぞれに独自性があり、どの国の文化が優れているというような見方は間違っています。文化に対して、まずこうした考え方があります。「文化相対主義」といいます。

　また、長い歴史のなかで、他文化と交流し、変化していくのも、文化というものの実態です。それゆえ、「文化の純粋性」へのこだわりは意味がないという考え方もあります。「クレオール文化論」などといいます。

　こうした文化の実態を理解していれば、**異文化・異民族への優越性・排他性などには意味がない**ことがわかります。しかし、**実際には、領土問題や貧富の差など、政治・経済的な問題が絡み、異なる文化圏の間での対立・紛争**が生じています。

【小論文 ULTRA メソッド・その18（テーマ別攻略—文化論）】
※文化論のキーワード

- **文化**
  ある集団に共通して存在する「生活や芸術の様式」で、集団の区切り方によって変化する（関東文化、日本文化、東アジア文化など）
- **自文化中心主義、自民族中心主義（エスノセントリズム）**
  自分の文化が一番進歩しているとする考え方
- **文化相対主義**
  文化の優劣を評価する絶対的基準はないとする考え方
- **クレオール（混成）文化論**
  文化とは、異質な文化と交流し、変容していくものとする考え方

Part2 小論文への応用

※文化論についての身近な事例

演習問題8

異文化と接する「異文化コミュニケーション」の意義について、あなたの考えを述べなさい（600字以内）。

《解答例》

　グローバリゼーションの進展により、海外の文化と接する機会も増えた。異文化コミュニケーションの機会はますます広がっている。では、こうした異文化コミュニケーションの意義とはなにか（**論点**）。結論からいえば、その意義は、こころを豊かにする点にある（**論、以上序論**）。

　なぜ、異文化コミュニケーションがこころを豊かにするのか。それは、こころのなかに新しい価値観が育つことにより、ものを考える幅がそれまでよりも広がるからだ。こころが大きくなるのだ（**論拠**）。例えば、私は中学生から英語を習っていて、不思議に思っていたことがあった。その１つが、「兄弟」や「姉妹」を表す単語が、それぞれ「ブラザー」や「シスター」しかないことだ。「兄」や「妹」というためには、わざわざ「エルダー・ブラザー」「リトル・シスター」などと表現しなくてはならない。そして、高校になってその疑問をアメリカ出身の英語の先生に投げかけてみると、「そういえば、兄弟姉妹で歳が上だとか下だとかには、私はこだわ

らないね」といった答えが返ってきた。これは大きな発見だった。私のこころのなかに新しい価値観が育った(**具体例、以上本論**)。

　以上より、異文化コミュニケーションは人のこころを豊かにする(**論の確認**)。大学に進んだら、たくさんの異文化に接して影響を受け、そして自分からも影響を与えたい(**方向性、以上結論**)。（約600字）

　　　　　情報化、グローバル化の進展により、異文化と接触する機会が増えています。そこで、日常生活でも、私たちは異文化と接するルールを理解しておく必要があります。自らの文化を豊かにするためにも、「排他性」ではなく、「寛容性」をこころがける必要があるのです。

- 異文化接触の前提
  「異文化には自文化と同じ価値観と違う価値観がある」
- 異文化への対応
  「違う価値観は認めたくない」（排他性）
  「違う価値観を受け入れ、自らの価値観を広げよう」（寛容性）

Part2 小論文への応用

i. 国家論

20世紀末から日本でも、「構造改革」が進んでいます。**構造改革とは、政府主導の活動を、民間に移そうという動き**です。具体的には、国営、公営の事業が次々に民営化されたり、お金のかからない政治をしたりすることです。いわば、「大きな政府」から「小さな政府」への脱皮です。

> **【小論文ULTRAメソッド・その19(テーマ別攻略―国家論)】**
> ※国家論のキーワード
>
> ・民営化
> 国や地方自治体が運営していた事業を民間に移行・開放すること、古くは、国鉄(現・JR)、電電公社(現・NTT)、専売公社(現・JT)があり、21世紀になってからは、郵政事業の民営化がある

※国家論についての身近な事例

演習問題9

「市場経済のグローバル化により海外から多様な商品、思想が入ってくるが、国家はこの波から国民の生活を守る役割がある」といった意見について、あなたはどう思いますか。考えを述べなさい(600字以内)。

《解答例》

　市場経済のグローバル化の波から国民生活の安全を守る。このような役割を、今後も国家が担うべきであろうか(**論点**)。結論からいえば、妥当ではない。さらに、そのような「内を向いた国家」は、その歴史的役割をすでに終えた。私はそう考える(**論、以上序論**)。

　なぜなら、もはやこれほどグローバル化が進んだ状況下で、一国民の安全を保障するような閉鎖的な発想で国家が運営されるのでは、逆に国民生活を危機に曝すからだ。市場経済の波に対して防波堤になるということは、裏を返せば経済的に「保護主義」に逆戻りすることになる。こうした発想は時代錯誤も甚だしい。もちろん、市場経済のグローバル化によって地球的な貧富の格差が生じることは喰い止める必要があるだろう。しかし、それは一国家単位で取り組むべき問題ではないし、とくに途上国では不可能だ。それゆえ、一国家に過大な期待をするよりも、グローバルな視点での協調姿勢を持つべきだ(**論拠**)。例えば、一時期、中国の農産物をセーフガードによって阻止しようとしたが、それによって困ったのは日本国民の方だった(**具体例、本論**)。

　こう考えると、やはり国家の役割として、市場経済に口を出すことは望ましくない(**論の確認**)。むしろ、市場経済のグローバル化を活用して、さまざまな国とのフェアな交流を支援することが重要だ(**方向性、結論**)。

> **ココでカセぐ!!**　国家の役割を制限するのが「小さな政府」論で、国家に大きな権限を与えるのが「大きな政府」論です。どちらが望ましいか、それは時代によって異なります。民間に力がないときは、政府主導が効率的ですし、民間に力があれば、民間主導の方が、競争原理が働いて効率的です。

Part2 小論文への応用

j．医療問題

　医療技術の発達により、昔なら助からなかった病気から回復する人も増えています。しかし、個人のこだわりによって、救命や延命を拒否する人もいます。また、薬に頼らず、自己の抵抗力（免疫力）で回復する有効性も専門家によって指摘されています。さらに、臓器移植、生殖医療、クローン技術、ヒトゲノム解析など、**新しい医療技術に抵抗を示す声**も各所で上がっています。今、医学のあり方が問われているのです。

　なお、医学のあり方を問う倫理（善悪を決める基準）を「生命倫理」と呼びます。医療を受ける患者の「**自己決定**」を尊重し、「知らされたうえでの同意（**インフォームド・コンセント** informed consent）」を徹底するという医療姿勢は、生命倫理に基づくものです。そして、命の量（長さ）を伸ばすことではなく、「命の質（**QOL**、Quality Of Life）」の向上を目指すということが、新しい医学の目的となったのです。

【小論文 ULTRA メソッド・その20（テーマ別攻略—医療問題）】
※医療問題のキーワード

- **免疫力**
  病原体を人間自身で撃退する力（白血球など）

- **生殖医療**
  不妊治療、人工授精、借り腹など、生命の誕生を扱う医療

- **クローン技術**
  生物の体細胞から同じ遺伝子（DNA）を持ったコピーをつくること

- **ヒトゲノム**
  人のDNAにある遺伝情報の一覧で、先天性を調べる手段として活用

※医療問題についての身近な事例

演習問題10

　もし、自分が不治の病になったら、医師にどのような対応をしてほしいですか。理由とともにあなたの考えを述べなさい（600字以内）。

《解答例》

　医学は日々進歩しているが、まだ治せない病気もたくさんある。もし私が、そうした不治の病にかかったとしたら、医師にはどう対応してほしいか(**論点**)。結論からいって、私は、自分自身の自由意思を尊重した医療を施してほしい(**論、以上序論**)。

　なぜか。それは、不治の病ならば、死を覚悟しなければならないし、病気がわかったときには、すでに余命も短いかもしれない。それゆえ、残り少ない命でやりたいことを全うしたいからだ(**論拠**)。私は、祖父の最期を看取った経験から、強くそう思う。祖父は、70代後半ですい臓ガンであることが判明し、医師から入院を勧められたときにはすでに末期だった。しかし、祖父は身辺整理をするため、在宅での治療を強く望み、結果的に、数週間後、家族に見守られながら息を引き取った。思い残すこともなく、満足そうな死に顔だった。もちろん、病院での治療を望む人もいるだろう。そうした人は、本人の意思に沿い、入院生活を続

Part2 小論文への応用

けることが満足につながるだろう。いずれにしても、満たされた気持ちで終末を迎えるには、本人の意思の尊重は不可欠だ(**具体例、以上本論**)。

　やはり、不治の病だからこそ、本人の意思を尊重した医療行為が望まれる(**論の確認**)。私の親も、私自身もいずれは死ぬ。今から終末期での本人の意思の尊重を自覚していたい(**方向性、以上結論**)。(約600字)

ココでカセぐ!!　医学の進歩は手放しで喜べない部分もあります。そのことについて、以下のように理解しておくと、参考になります。

- 医学の進歩とそれによって生じる犠牲
「延命はできるが、治療行為によって、副作用が出たり、自由を奪われたりする……」
- 医療を受ける人の自由意思の尊重
「医師が勧める処方でも患者自身が受け入れたくない場合は、患者本人の自由意思に任せる……」(自己決定権の尊重)
- 意思確認の重要性
「患者の意思を尊重するため、診断や治療に関する情報を隠さず示し、本人の合意を得て医療行為を行う」(インフォームド・コンセント)

k. 食糧問題

　日本は、食糧の多くを輸入に頼っています。それを、**「安定性や安全性がない」「国内の農業が衰える」**などと問題視する意見もあります。

　しかし、他方では「海外との交流（貿易、食文化交流）が活発になる」「安い食材が入る」「国内の農業にも刺激を与える」といった**食糧輸入のメリットを指摘する声**もあります。遺伝子組み換え食品、狂牛病、鳥インフルエンザ、スローフード（ゆとりを持ってゆっくりつくり、食べる食事）など、食に関する話題は尽きません。

【小論文ULTRAメソッド・その21（テーマ別攻略—食糧問題）】
※食糧問題のキーワード

- 問題点および解決策

　国際紛争など有事のときに、食料調達が困難となる
　→国際的な平和関係を築く。多様な国からの輸入経路を確保しておく
　安全性の問題（農薬問題、病原体、寄生虫など）
　→原地での生産管理、輸入時の品質チェックによる安全性管理
　日本国内の農水産業の弱体化
　→国際競争力をつけるため、積極的なイノベーションに取り組む
　（例）商品の差別化（高級ブランド化、安全性の強調など）、生産技術の向上によるコスト管理など

- 食料輸入の利点

　貿易摩擦解消
　輸入による低価格化、食材の多様化で、国民の食生活が豊かになる（食の充実）。
　多様な国との関係が結べる（国際協調）

Part2 小論文への応用

※食糧問題についての身近な事例

```
[                                    ]


[                                    ]
```

演習問題11

食料輸入について、あなたの考えを述べなさい(600字以内)。

《解答例》

　食料の輸入依存傾向を危惧する人々もいるらしい。はたして危惧すべきことなのだろうか(**論点**)。私はとくに、危惧すべきことではないと考える。むしろ、食料輸入によるメリットを強調したい(**論、以上序論**)。

　第一の理由は、食料輸入によって安価でバラエティに富んだ食材が手に入るようになるからである(**論拠1**)。実際、私は、母と一緒によく買い物に出かけるが、そうした恩恵を実に多く得ている。輸入のおかげで、牛肉などが手に入りやすくなったし、パッションフルーツ、スウィティなど日本にいながら、世界中のフルーツを口にすることができる(**具体例**)。第二の理由は、工業製品を海外に輸出する日本にとって、食料輸入は貿易不均衡を是正する国際貢献にもなるからだ(**論拠2**)。例えば、南米やアフリカから海産物を輸入することによって、現地の人々は、外貨を獲得する機会を得る。そして、それによって工業化を進めることもできるのだ(**具体例**)。なるほど、輸入には、BSE、鳥インフルエンザ、残留農薬など、食の安全性を脅かす問題もあろう。しかし、それは安全性を確保する技術指導によって防げる問題だ。現に、中国では、

日本の技術者が農薬を使用しない米の栽培を紹介することにより、農薬使用に対する規制の意識が高まっている(**以上本論**)。
　以上の考察から、食料輸入は危惧すべき問題ではない(**論の確認**)。むしろ、食料輸入を一つのきっかけとして国際親善、国際協調の道を模索できるのだ(**方向性、以上結論**)。

ココでカセぐ!!　食料輸入にも、メリットとデメリットがあります。それら双方を理解しておきましょう。今回の問題についても、デメリットの大きさに注目すれば「過度の食料輸入は危惧すべきだ」といった論になります。

・食料輸入のメリット
　貿易摩擦解消、低価格化、食材の多様化、国際協調など
・食料輸入のデメリット
　安全性の問題、国内の農水産業の弱体化など

PART 3
面接試験への応用

Part3 面接試験への応用

0. 面接の基本も"ULTRA"

　面接試験も試験官とのコミュニケーションですから、出願書類や小論文を書くプロセスと同じく、以下の「理解・論理・整理・表現」の工程、すなわち ULTRA メソッドが適用できます。

- 理解（**U**nderstanding）
- 論理（**L**ogic）
- 整理（**Tr**imming）
- 表現（**A**ction）

　では、この４つの工程に沿って、面接試験のときの反応プロセスを説明していきましょう。

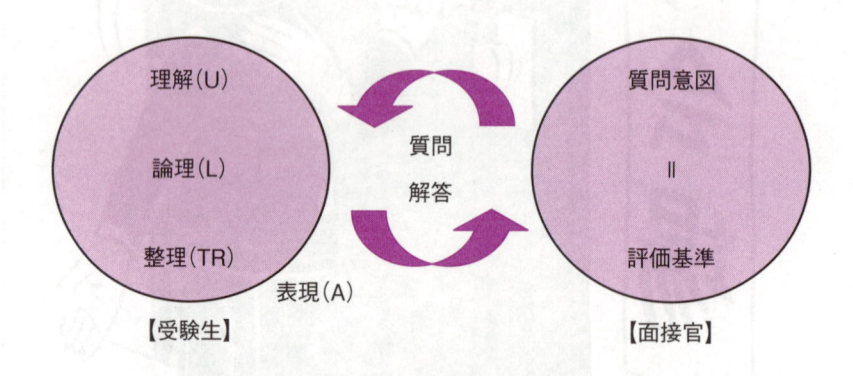

```
【受験生】                          【面接官】
  理解(U)                            質問意図
  論理(L)      質問                     ‖
  整理(TR)     解答                   評価基準
     表現(A)
```

①質問内容の「理解」（Understanding）

　面接試験では、まず**面接官の質問の意図をしっかりと理解**する必要があります。例えば、「本学部への志望動機を述べてください」と問われたら、「この学部に入りたい動機を述べるのだな」と合点するのです。

　また、「高校時代に力を入れた活動について説明してください」と問われたら、「大学入学後にやりたいことではなくて、高校時代に力を入れたことについて述べるのだな」と、こころに誓うのです。

　「日本の教育の、どこに問題があると思いますか。あなた自身の学校での経験に基づいて、考えを述べてください」と問われたら、「日本の教育の問題点についての考えを述べるのだな。しかも、自分自身の学校での経験を根拠にするのだな」と、確認するのです。

　もし、質問が聞き取りにくかったら、「すみません。もう一度お願いできますか」などと、丁寧に確認しましょう。わかったふりをして、的外れな回答をするよりも賢明です。さらに、聞き返すことによって、「質問を確認しながらきちんと答えようとしている」と、面接官に誠実な姿勢を訴えることにもなります。

　また、質問に知らない言葉が混じっていたら、次のように、恥ずかしがらずに尋ねましょう。「すみません。○○とは、どのようなことでしょうか。教えていただけますか」など。知識を問う面接試験でないかぎり、このような**姿勢はマイナスにはなりません**。

Part3 面接試験への応用

②素材を探して「論理づくり」(Logic)

　質問が理解できたら、それに対する答えを考えましょう。面接試験で頻出する質問については、あらかじめ用意しておいた内容を想起します。とくに、志望動機など、事前に提出してある書類の内容と重なる質問に対しては、矛盾のない返答内容を用意しましょう。

　また、事前に準備していなかったことを問われたとき、しかも「海外に行ったことはありますか」といった事実の確認ではなく、自分の考えを求められるような質問をされた場合は、その場で論理をつくらなければなりません。

　論理とは、Part1でもPart2でも説明しましたが、「論」（自分の考え）に「理」（根拠、理由）を添えたものです。まず、**この問題を考えるうえで、自分はどんな素材を持っているか**と考える材料を探すのです。そして、その素材を根拠として導かれる答え、すなわち論を決めます。

　例えば、「日本の教育の問題点」について自分の考えを求められたなら、次のように記憶の中から素材を探るのです。

　「中学生のときは数学が得意で、教科書を自学自習しながら練習問題を解いていた。すると、あっという間に教科書を終えてしまい、上の学年の範囲まで勉強したかったが、先生に止められた。逆に、1～2年のころから英語は真剣に勉強していなかったので、3年になると授業についていくことが難しくなった。初めからやり直したかったけれど、過去の教科書を振り返る余裕はなく、毎日難しい教材と奮闘しなければならなかった……」

　このような素材を探ることができたら、「個人の学習意欲や得手不得手に沿って柔軟にカリキュラムが組まれていない」などと日本の教育における問題点を指摘することができます。

　Part2で詳しく解説しましたが、このような体験、観察などの具体的

な素材をもとに自分の考え、すなわち論を決める過程が「帰納法」です。また、具体的な素材ではなく、誰もが認める一般的傾向（**常識、法則**）を根拠として意見を導くこともできます。それが「演繹法」です。

　「個人の興味や能力は多様である」といった前提は、おそらくすべての人が認めてくれる常識、法則でしょう。そこから、次のような論を導くのです。

　「人の成長過程はさまざまだから、個人の能力、興味、価値観は多様である。ゆえに、教科学習に関しても、得手不得手や好き嫌いはさまざまなはずだ（**根拠＝理**）。そうした個人の多様性に対して、日本の教育現場で主流となる講義形式の集合教育は、生徒の学力レベルや関心を反映していない。そこに問題がある（**考え＝論**）」

　演繹法でも、「三段論法」式に考えると、以下のようになります。

　　個人の能力や興味は多様である……大前提
　　学習能力や学習への興味も個人的なものである……小前提
　　ゆえに、学習能力や学習への興味も多様である……推論

Part3 面接試験への応用

③正確かつ印象的に伝わる構成へと「整理」(Trimming)

　質問への回答(結論)が決まったら、伝えるべき要素を聞き手がわかりやすい順番に並べます。整理の段階です。Part1、Part2でも述べましたが、返答するときは、「根拠→結論」といった考えを導く過程とは逆に**「結論→根拠」といった順序へと整理**していきます。先の思考過程なら、次のようになります。

　「日本の教育の問題は、固定化したカリキュラムを講義中心の集合授業で教えている点にあると考えます(**論**)。なぜなら、塾など民間教育機関の発達や情報の多様化・グローバル化によって、生徒個人の学習能力や学習への興味はますます多様化しているからです。関心やレベルがバラバラなのに、一様に集合授業で教えても虻蜂取らずの中途半端な内容で終わってしまいます(**論拠**)。実際、私が中学生のとき、数学はさらに先に進みたかったのですが、その知的好奇心を満たしてくれるカリキュラムはありませんでした。一方、英語学習が遅れ、中学3年になったころ1年生レベルから復習する必要があったのに、授業では3年の学習範囲を終わらせることに躍起でした(**具体例**)」。

④ 表情・態度や声の調子にも気を配って「表現」（Action）

　考えた内容を実際に口頭で発表します。表現の段階です。

　ただし、面接は、志望理由書や小論文の答案などのように「筆記による表現」と違って、ことばだけでなく、表情・態度や声の調子もあわせて伝わってしまいます。**言語情報とともに非言語情報も含めた表現力を問われる**のです。

　例えば、「あなたの長所を述べてください」と問われて、「私の長所は明るいところです」と答えたとします。

　このとき、はつらつとした表情で元気な声で応答すれば、面接官は「なるほど明るい生徒だ」と納得してくれるでしょう。

　しかし、うつむき加減で蚊の鳴くような小さな暗い声で応答すれば、面接官は「暗い生徒だなあ」と感じるでしょう。そればかりではありません。「本当は明るくないのに見栄を張ってよく見られようとしているのだな」と疑われることすらあります。

　それゆえ、面接対策は、**「返答の中身（言語）を考える」**工程と、**「好印象を持たれる答え方（非言語）を身につける」**工程の２方向から講じなければならないのです。

【非言語情報】　私の長所は明るいところです　【言語情報】

Part3 面接試験への応用

1. 面接試験の「理解」（Understanding）

①面接試験の位置づけ

　ほぼすべてのAO推薦入試で、面接が課されます。面接試験は小論文などの筆記試験と同じ日に行われることもありますし、書類選考や筆記試験での選抜を終えてから、別の日に行われることもあります。

　ただし、同じ日に行われるにしても、筆記試験が先ですので、面接はAO推薦入試の最終選抜の手段であるといえます。つまり、面接試験の段階で、面接官の手元には「志望理由書」「小論文の答案」など、あなたに関するさまざまな情報が届いていることになるのです。それゆえ、これらと矛盾する内容を答えないような配慮も必要です。

　そこで、あなたが受験する大学・学部では、面接試験がどのような段階として位置づけられているのか、どんな情報が面接官の手元に届いているのか、それらを図3－①－1にまとめておきましょう。

【面接ULTRAメソッド・その1（理解─面接の位置づけの理解）】
※面接の位置づけ（例）

・書類審査
　↓
・筆記試験（小論文など）
　↓
・面接試験（最終選抜）

図3－①－1

面接の位置づけ	→ 面接
面接官が手にしている情報	事前提出書類： 試験答案類 その他

ココでカセぐ!!

　サービス精神旺盛な人は、「このことは書類に書いたから、面接では別のことを話そう」と書類に書いていない志望動機などを述べてしまうことがあります。しかし、この姿勢は評価を落とすことがあります。

　面接官はあなた一人だけを面接しているわけではありません。また、事前に詳しく書類を読んでいるわけでもありません。多くの場合、面接中または面接と面接の間のインターバルで書類を読んでいるのです。

　それゆえ、異なる内容を述べると「この生徒が書いた書類ではない」と疑われることもあります。「志望理由書にも書きましたが……」などと、全く同じことを述べ、一貫性のあるところを示しましょう。

Part3 面接試験への応用

②面接の形式

さらに、以下のように、面接試験の形式もさまざまですので、そのパターンを理解しておく必要があります。

a. 個別面接
b. 集団面接
c. グループディスカッション
d. プレゼンテーション

a. 個別面接

受験生1人に対して複数（2人～5人）の試験官が質問を投げかける形式の面接です。**面接官の質問の意図をしっかり理解し、表情や態度などにも気を配りながら的確に返答することが大切**です。

以下のようなイメージで行われるのが個別面接です。

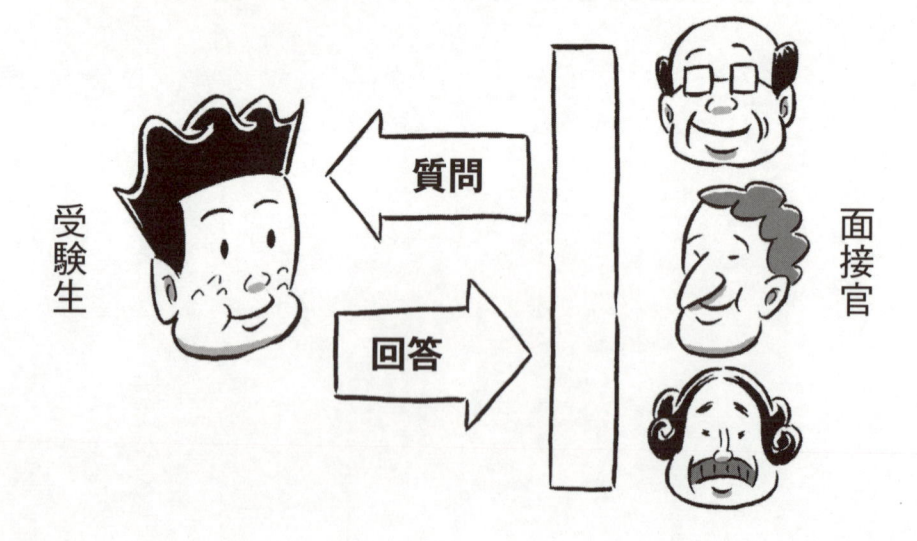

b. 集団面接

　複数の受験生（2～3人）に対して、複数の面接官が質問をする形式の面接です。質問には、通常それぞれの受験生が順番に答えます。受験生同士が会話を交わすことはありません。

　集団面接は、以下のようなイメージで実施されます。

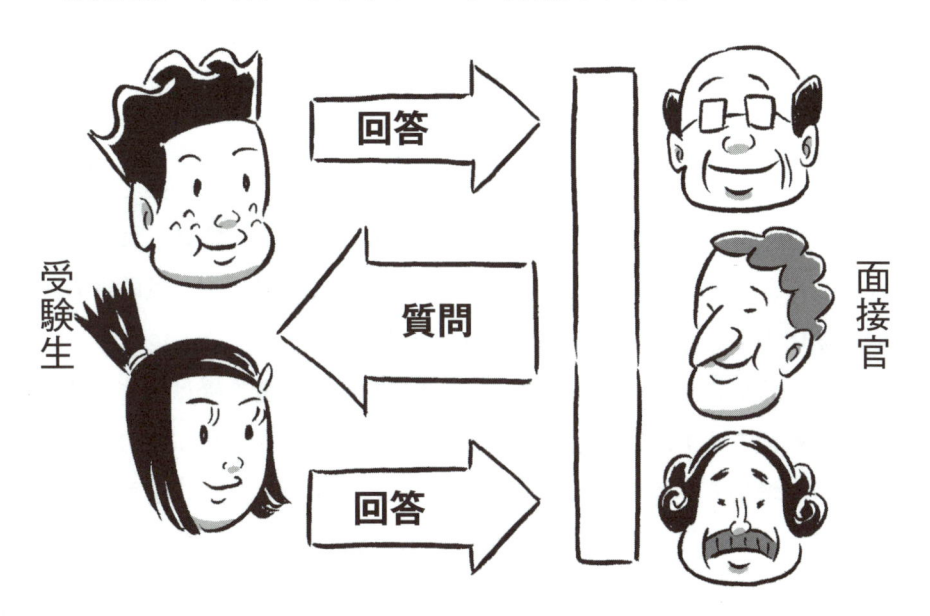

　この場合も、**質問の意図をしっかり理解し、効果的な表現方法を用いて答えを述べることが重要**です。その点では、個別面接試験とあまり変わりがありません。

　しかし、集団面接には、「**その場で他の受験生の影響を受けてしまう**」という、個別面接とは決定的に違う点もあります。影響を受ける人は、面接官と受験生本人です。

　個別面接ならば、「質問をしっかり理解して、的確に答えている生徒だ」といった印象を抱かれる生徒でも、その人以上に強烈な印象を訴えている受験生と同席した場合、相対的に影が薄くなってしまうことがあ

Part3 面接試験への応用

るのです。面接後、教官の間でこんな会話が交わされることが予想されます。

　「今のＡさんは、なかなか強い印象を持った生徒でしたね」
　「たしかに。そうですね。評価に値しますね」
　「それに比べるとＢさんは、あまり特徴が感じられませんでしたね」
　「同感です。Ａさんに比べると訴えてくるものが少なかった……」

　もし、Ｂさんが、Ｂさんよりも印象の薄いＣさんと集合面接で同席していたら、Ａさんに対するような高い評価は、Ｂさんに向けられていたかもしれません。２人以上の生徒を一度に面接することで、試験官の評価も変化するということをご理解いただけたでしょう。
　また、同席者がいることによって、自分自身も影響を受けます。初めて会う教官に話すだけでも緊張するのに、ライバルが同席するのですから緊張も増幅するかもしれません。さらに、「相手の方がしっかり答えるのではないか」といった不安が生まれる可能性もあります。
　とくに、質問に対して自分が用意していた答えを先に述べられてしまったら、次のように大きく動揺するかもしれません。
　「マズイ！これは私が話そうと思っていた内容だ。後から同じことを発言しても、真似されたと思われてしまう！」
　すると、その動揺によって返答がぎこちないものになってしまいます。本当に自分で考えて答えた内容なのに、面接官に疑われるかもしれません。「前の人と同じ内容ですね。真似しなくてもいいんだよ」などと。
　やはり、面接を受ける受験生の立場でも同席者の存在は大きな影響力になります。それゆえ、集団面接を受けることが決まったら、集団面接対策をしっかり立てておくことが重要です。

c. グループディスカッション

　複数の受験生を同時に評価する面接試験の新しい形として、グループディスカッションがあります。近年、この試験形式を取り入れる大学・学部は増えています。

　前の集団面接との違いは、受験生同士が話し合うことです。面接官に答えるのではなく、同席している生徒、すなわちライバルたちに思ったことを話すのです。

　以下の図をご覧いただくと、グループディスカッションがイメージしやすいでしょう。

発議
観察

受験生

面接官

　この形式では、**集団に埋もれず、しっかりと自己主張をした跡を残しておくことが大切**です。試験官たちは、生徒たち個々の発言内容や発言姿勢を観察し、評価しています。それゆえ、議題に合った的確な内容を考え、しかも話の流れに合わせながら、明瞭に発言しなければなりません。ただ黙って、うなずいているだけでは、面接官の記憶にも記録にも残りません。

Part3 面接試験への応用

d. プレゼンテーション

　発表形式で行うのが、プレゼンテーションです。声だけでなく、さまざまな道具を用いて文字や図などで訴えることも許可します。多角的な発表能力、人を説得する技術などを審査します。

　以上のように、さまざまな面接パターンがありますので、自分の受験する学部の面接形式を理解し、図３－①－２に整理しておきましょう。

【面接 ULTRA メソッド・その２（理解―面接形式の理解）】

a. 個別面接
　　受験生１人　対　面接官複数
b. 集団面接
　　受験生複数　対　面接官複数
c. グループディスカッション
　　受験生複数（討論）　対　面接官複数（観察）
d. プレゼンテーション
　　受験生１人（発表）　対　面接官複数（視聴・質疑）

図3-①-2

大学・学部	面接試験のパターン

面接試験の前に、自分が臨む面接形式の状況をイメージしておくとスムーズに臨めます（イメージトレーニング）。複数の学部を受けるため、複数の面接パターンを経験する人は、それぞれのパターンをよりリアルにイメージしておきましょう。

Part3 面接試験への応用

③評価ポイントの理解

　それでは、こうしたさまざまな面接試験で、大学・学部側は、どんな能力を問うのでしょうか。面接官は、一体なにを評価しているのでしょうか。それは、このパートの冒頭でも述べましたが、大きく分けると、以下の２つの項目にまとめられます。

● **話す内容（言語情報）**
● **話す態度（非言語情報）**

　「話す内容」の評価とは、**質問に対する答えの「中身」に対する評価**です。どんな面接試験でも、少なくとも以下の５点は評価ポイントになります。しっかり理解しておきましょう。

・理解力：質問内容を理解して答えているか
・論理性：理由も述べているか
・具体性：自分独自に考えた証拠（具体例）を提示できているか
・一貫性：書類などと一貫した内容を話しているか
・語彙力：正しい日本語で話しているか

　「話す態度」とは、**質問に対して「答える姿勢」**です。もちろん大切なのは「話す内容」ですが、その内容も悪い姿勢では伝わりません。
　すばらしい内容でも、態度の落ち着かない生徒、あまりにも声が小さい生徒が発言すれば、評価は下がってしまいます。それゆえ、面接対策として非言語表現のトレーニングを積むことも不可欠なのです。なお、以下の項目に気をつけましょう。

・外観：服装や顔の表情（とくに目と口で人の人相は決まる）
・姿勢・動作：起立しているとき、着席しているときの「静」の姿勢や、歩く所作、座る所作などの「動」きにメリハリがあるか
・発声：音量、速度、高低などの工夫

　これらのコミュニケーション能力が、現在どれくらいなのかを評価するために、友人、家族、先生など周囲の人に、図3－①－3の表を渡し、以下のようなお願いをしてみましょう。

「私になにか質問をしてください。そして、答えた内容と答えかたについて、この用紙に記入してください」

　この図は、後に示す「頻出質問」についての評価表としても使えます。

【面接ULTRAメソッド・その3（理解―評価ポイントの理解）】

●話す内容（ことばの中身＝言語情報）
・理解力：質問に対して答えているか
・論理性：理由も述べているか
・具体性：自分独自に考えた証拠（具体例）を提示できているか
・一貫性：書類などと一貫した内容を話しているか
・語彙力：正しい日本語を話しているか

●話す態度（ことばの周辺＝非言語情報）
・外観：服装、髪型、顔の表情（とくに目と口で人の人相は決まる）
・姿勢・動作：姿勢や動作に「静」と「動」のメリハリがあるか
・発声：音量、速度、高低などの工夫

Part3 面接試験への応用

図3-①-3　面接評価表
※話す内容（言語面）について

評価点	内容	判定基準（得点）	得点
理解力	質問内容を理解した返答になっているか	よく理解できている（2点） まあまあ理解できている（1点） 理解できていない（0点）	
論理性	答えには、根拠がしっかり述べられているか	根拠がしっかり示せている（2点） 根拠はとりあえず示せている（1点） 根拠があいまいだ（0点）	
具体性	自分で考えたことを表す具体的な証拠も述べていたか	具体例を示し分析している（2点） 具体例の提示のみある（1点） 具体例の提示がない（0点）	
一貫性	回答者について以前から知っていたこと（事前認識）と矛盾しないか	全く矛盾しない（2点） 矛盾は少ない（1点） 矛盾することが多い（0点）	
語彙力	正しい日本語を使って返答していたか	ことば遣いは正しかった（2点） ことば遣いは大体正しかった（1点） ことば遣いは正しくなかった（0点）	
		合計点	

※話す態度(非言語面)について

評価点	内容	判定基準(得点)	得点
外観	服装、髪型、表情など、好感の持てる外観で答えていたか	よくできている(2点) まあまあできている(1点) できていない(0点)	
姿勢・動作	落ち着きのある姿勢、キビキビした動作で答えていたか	よくできている(2点) まあまあできている(1点) できていない(0点)	
発声	大きさ、速さ、高さなど、声の調子は適切だったか	よくできている(2点) まあまあできている(1点) できていない(0点)	
		合計点	

Part3 面接試験への応用

④質問内容の事前理解

では、実際の面接試験では、どんな質問が投げかけられるのでしょうか。簡単に整理すると、以下の5分野になります。

> a. 提出書類の内容について
> b. 筆記試験の内容について
> c. 生徒自身のことについて
> d. 生徒を取り巻く環境について
> e. 社会への問題意識について

先に述べたように、面接試験は最終選抜です。したがって、面接官は、この段階で受験生が提示したさまざまな資料（内申書、志望理由書、自己推薦書、小論文で書いた答案など）を手元にそろえてあります。そうした書類に書かれた内容について、質問を投げかけます。志望理由を筆頭に、将来の展望、高校での活動、小論文で書いた内容などです。

そこで、こうした質問に応えるうえで注意すべきことは、**「話す内容と提出した書類の内容とを一致させる」**ことです（一貫性）。面接で不合格になる最も大きな原因は、その一致がないことです。「この生徒の発言はつじつまが合わない」という不信感は、「志望理由書に書いてあることは、実際に自分で考えたものではないな」といった疑いへと発展し、結局その段階まで到達した成果を無にしてしまいます。

ですから、志望理由書や自己推薦書に書いたことは、コピーを取り、面接の前にしっかりと見直し、その内容についてさまざまな角度から尋ねられても返答できるように準備しておきましょう。また、小論文の答案で書いた内容についても、しっかり振り返っておきましょう。

また、志望理由書や、自己推薦書に書いたこと以外にも、**生徒個人の価値観や興味について問われること**があります。具体的には、「愛読書」、

「趣味」、「好きなことば」などについてです。

　さらに、「家庭内での役割」や「地域社会への貢献」など、生徒を取り巻く生活環境についての質問もあります。日常生活でも問題意識を持っていることを示せますので、「自分はどんな環境で暮らしているのか」をあらためて考えておきましょう。

　作文や小論文のように、「社会問題に対するあなたの考え」を問われることもあります。「最近のニュースで注目したこと」「インターネットの普及」「女性の社会進出」などについて、その場で答えなければならないのです。それには、後に述べるような事前の準備が必要です。

　なお、こうした話題については、志望理由書・自己推薦書を書いたり、小論文の答案練習をしたりする過程で情報を集められているものもあるでしょう。逆に、「これはまだ整理できていない話題だ」といった分野もあるでしょう。

　図３−①−４には、そうした話題で、ｂの「筆記試験の内容」以外の項目について、「○（整理できている）」、「△（ある程度は答えられるがまだ自信がない）」、「×（いま質問されたら答えられない）」の基準でチェックしてみましょう。このチェックによって、今後の課題が見えてきます（△と×が重点課題）。

Part3 面接試験への応用

【面接ULTRAメソッド・その4（理解—質問内容の事前理解）】
面接での質問の種類

a. 提出書類の内容
・志望理由、将来展望、問題意識、高校での活動、高校の成績など
b. 筆記試験の内容
・小論文で書いたこと、教科試験のでき、実技試験のできなど
c. 生徒自身のこと
・愛読書、趣味、好きなことば、尊敬する人、長所と短所など
d. 生徒を取り巻く環境
・家庭での役割、地域社会への貢献など
e. 社会への問題意識
・最近のニュース、情報技術の進展、女性の社会進出、国際化の進展、少子化、高齢者介護、医療ミスなど

図3−①−4　質問内容の事前理解チェック

ジャンル	詳細	評価	ジャンル	詳細	評価
提出書類の内容	志望理由 将来展望 問題意識 高校生活 高校の成績 など		あなたの周辺環境	家庭での役割 地域社会への貢献 など	
あなた自身のこと	愛読書 趣味 好きなことば 尊敬する人 長所と短所 など		社会への問題意識	最近のニュース 情報技術の進展 女性の社会進出 国際化の進展 少子化 高齢者介護 医療ミス	

※自己評価基準　　○：整理できている
　　　　　　　　　△：ある程度は答えられるがまだ自信がない
　　　　　　　　　×：いま質問されたら答えられない

ココでカセぐ!!

　多くの受験生は「面接対策」としてなにを準備すればいいのか、理解していません。しかし、「話題」に関しても、このようにジャンル分けすると、「今後どんなことを明らかにしなければいけないか、また、なにを学ばなければいけないか」ということが見えてきます。
　このように「自分の弱点を見る努力」を行っている人は、大学に入学した後も広い視野から独自の発言ができるようになります。

2. 返答内容に必要な「論理」(Logic)

①返答内容に必要な論理

面接試験でも「論理性」が評価されると述べました。つまり、質問への答え(論)には、**なぜそうした答えを出したのか、その根拠(理)も必要**なのです。日ごろの会話から、「私は……と考えます。なぜなら……」と発言するクセをつけるとよいでしょう。

例えば、大学学部への志望理由を聞かれたとき、以下の図3－②－1のようなダイアログにすると、論理的な返答になります。

図3－②－1　論理の結びつき

論＝質問への答え(例)	理＝答えの根拠(例)
私の志望理由は、将来……の仕事に就くため、貴学部で……を学びたいからです。	そのような分野の仕事に興味を持った理由は、中学生のころ、こういうことがあったからです。……
貴学を選んだ理由は、他大学と比べ産学連携や就職指導にも力を入れているからです。	産学連携に関心があるわけは、私は大学での研究を……の産業に役立てたいと考えているからです。

②裏づけとなる証拠（具体例）も必要

　また、**独創的な具体例も面接の返答内容には必須**です。本当に自分自身の考えであることを示す証拠になるからです。

　受験生は、1つの学部で一度の面接しか受けませんが、面接官は多くの受験生を対象に面接を行っています。それゆえ、面接官が複数の受験生から同じ内容の答えを聞く可能性は大きいでしょう。

　例えば、開発途上国支援のための方策などを研究する「開発経済学」という学問に力を入れている経済学部の教員なら、「貴学の経済学部に進みたい理由は、開発経済学を学び、世界の貧富の格差を是正する対策を研究するためです」という答えを、何度となく耳にしているはずです。

　しかし、その志望理由が出てくる背景は、人によって異なるでしょう。ある受験生は、「中学生のときにフィリピンの貧しい少女を見て、学問の機会の平等を妨げる貧困を克服すべきだと思った」という経験を持っているかもしれません。また、ある受験生には、「近隣で生じた事件を通じて、東アジア内での経済格差が国際犯罪を招く原因になっていることを知り、格差解消が犯罪防止につながると考えた」という背景があるかもしれません。

　答えは同じであっても、答えに至る過程は違うのです。そのプロセスの独創性を保つのが、具体的なエピソード、すなわち受験生一人ひとりの体験や観察なのです。図3－②－2で示すシナリオのように、質問への答えを「答え・理由・具体的事実」の3点セットで示せば、返答内容に関して、確かな評価を受けることができます。

Part3 面接試験への応用

図3−②−2　返答内容の論理シナリオ（記入例）

論＝質問への答え	貴学の経済学部を志望する理由は、開発経済学を学び、世界の貧富の格差を是正する対策を研究するためです。そして、卒業後は、開発途上国の経済的自立を支援できるような仕事に就きたいと考えています。
理＝論の根拠	そのような道に進みたい理由は、子どもから学習機会を奪う貧富の格差を解消する必要を感じたからです。低開発国の児童は労働によって教育の機会が奪われ、高収入を得るための知識やスキルを得る機会がなく、結局、悪循環を招いています。
具体的エピソード＝論理を裏づける証拠	このような実情を、私は中学生のときに報道番組で知りました。そこには、フィリピンのスラム街の貧困が描かれていましたが、その後、自分でも書物やウェブで調べると、ますます格差は広がり、学習の機会は依然として確保されていないのです。……

　では、図3−②−2を参考にして、あなたが面接で志望理由を問われたとして「論・理・具体例」の3点セットのシナリオを図3−②−3に記入してみてください。

【面接ULTRAメソッド・その5（論理─返答内容の論理）】

・論＝質問へのストレートな答え
↑
・理＝論の根拠
↑
・具体例＝論理を裏づける証拠

図3-②-3　返答内容(志望理由)の論理シナリオ

論＝質問への答え	
理＝論の根拠	
具体的エピソード＝論理を裏づける証拠	

ココでカセぐ!!　志望理由書で考えた成果を面接でも生かせばよいのです。とくに具体的なエピソードについては詳しく突っ込まれる可能性がありますので、細部に関しても情報をよく整理しておきましょう。

Part3 面接試験への応用

③その場でつくる論理

　原則として、**面接試験で問われそうな質問に対しては事前に返答内容を準備**しておきましょう。Part2 の小論文の論理づくりで説明した「帰納法」または「演繹法」を用いて、事前に頻出質問に関する「答え＋根拠＋具体例」の３点セットを準備しておくのです。

　ただし、返答内容を用意していないことを唐突に問われる場合もありえます。面接会場でいきなり予期せぬ質問を投げかけられたら、どう答えればよいのでしょうか。そのようなときには、いきなり答えを導き出そうとはせずに、次のような**帰納法の手順で答えを決める**とよいでしょう。

第１段階：質問に関する具体的なエピソードを思い浮かべる
第２段階：具体例の意味を探る
第３段階：答えを決める

　例えば、「あなたの好きな言葉は？」と問われて、用意していなかったとします。そのようなときは、自分の得意分野のエピソードなど、具体例をまず想起します。「私は卓球を高校３年間続けてきて、いい成績を残してきた」などと、体験を思い浮かべるのです。次に、その経験の意味を探ります。「３年間（正確には２年半）の継続が、大会などでの好成績を生んだ」といった一般的意味を導き出すのです。すると、この意味を的確に表現する言葉として「石の上にも三年」とか「継続は力なり」といった格言がありますので、それを答えとします。

　次の図３－②－４のような３点セットがそろうわけです。

図3-②-4　面接現場での論理づくり（記入例）

具体的エピソード ＝論理を裏づける証拠	私は高校に入学してから卓球を始めました。初心者なので練習についていくのも大変でした。しかし、なんとか休まずに練習を重ねてきたら、３年の春の県大会個人戦で部内トップの成績を収めることができました。
理＝論の根拠	この体験から、一つのことを継続すれば、その分野に関して抜きん出た能力が身につくことを学びました。
論＝質問への答え	それゆえ、私が好きな言葉は、「継続は力なり」です。

こうして考えた結果を、以下のように「論→理→具体的エピソード」の順で発表すれば、説得力のある返答になります。

「私が好きな言葉は、『継続は力なり』です（**論**）。なぜなら、一つのことを継続すれば、その分野に関して抜きん出た能力が身につくと信じているからです（**理**）。実際、私にはこんな体験があります。私は、高校に入学してから卓球を始め、初心者なので練習についていくのも大変でした。しかし、なんとか休まずに練習を重ねてきたら、今春の県大会個人戦で、部内一の成績を収めることができたのです（**具体的エピソード**）」

では、図3-②-4を参考に、帰納法を用いて「私の好きなことば（座右の銘）」について独自のシナリオを図3-②-5に記入してみましょう。

Part3 面接試験への応用

【面接 ULTRA メソッド・その 6（論理―面接会場でつくる論理）】

・質問に関する具体的なエピソードを思い浮かべる（第1段階）
↓
・具体例の意味を探る（第2段階）
↓
・答えを決める（第3段階）

図3－②－5　面接現場での論理づくり（好きなことば）

具体的エピソード ＝論理を裏づける 　証拠	
理＝論の根拠	
論＝答え	

ココでカセぐ!!　ここでは、帰納法に慣れておくことにより、「とっさの質問」に対しても「答え」が導けるという感覚を学んでください。帰納法で考えれば、必然的に具体的エピソードの要素は見つかります。
　「世界でたった一つの答え」を導くために、自己のさまざまな体験を日常的に整理しておくと、とっさの質問にも答えられるのです。

3. 返答内容の整理（Trimming）

■考える順序と話す順序

　Logic の工程で学んできたように、「論理をつくる順序＝考える手順（思考順序）」と「表現する手順（表現順序）」は、以下の図のように逆であることがわかります。

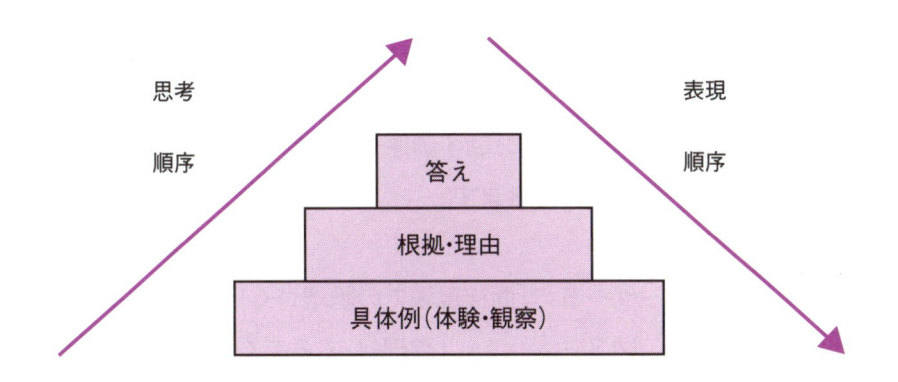

```
　　　　　　　　　　　　┌──────┐
　　　思考　　　　　　　│　答え　│　　　　　表現
　　　　　　　　　┌────┴──────┴────┐
　　　順序　　　　│　　根拠・理由　　　│　　　順序
　　　　　　┌────┴──────────────────┴────┐
　　　　　　│　　　具体例（体験・観察）　　　│
　　　　　　└──────────────────────────────┘
```

　これを、思考と表現のピラミッド構造といいますが、このような手順で考え、発表すると、整理した内容を効果的に訴えることができます。
　答え自体は、いきなりひらめきません。また、ひらめいたとしても、理由がなければ、説得力がありません。それゆえ、そのとき自分が持っている素材から考えを築く必要があるのです。
　なお、発言のときは、聞き手すなわち面接官の知りたいことから話しましょう。面接官がまず知りたいことは「質問に対する答え」ですから、初めに**答えをストレートに発言する必要**があるのです。
　具体的なエピソードや根拠から話してしまうと、間延びして、相手は退屈してしまいます。上の例ですと「好きなことば」に対して、まず答えるべき要素は「継続は力なり」です。これを、「私は高校入学時から卓球

Part3 面接試験への応用

部に所属しています」などと答えてしまったら、「この生徒は卓球という言葉が好きなのかなぁ」とか、「好きな言葉という質問内容を理解していないのかなぁ」などと、面接官も勘違いしてしまいます。

また、社会心理学者の調査によれば、「考え（論）→根拠（理）」の順と「根拠（理）→考え（論）」の順では、前者の方がわかりやすいということが判明しています。後者のように、根拠から述べられると「言い訳を聞いているようだ」といったイメージを与えるそうです。

さらに、「考え（論）→根拠（理）」のあとに再び「考え（論）の確認」を述べると、より考えが明確に伝わることもわかっています。それゆえ、小論文の答案と同じく、次のように「話す順序」を構成すると、正確かつ明瞭に自分の考えを示すことができます。

では、先に図3-②-5の「面接現場での論理づくり（好きなことば）」でまとめた内容を、図3-③-1に「整理」してみてください。

【面接ULTRAメソッド・その7（整理―発言順序）】

・質問への答え（論）
↓
・答えの根拠（理）
↓
・具体的なエピソード

図3−③−1　発言する順序(好きなことば)

論＝答え	
理＝論の根拠	
具体的エピソード＝論理を裏づける証拠	

　話す側は、「初めに結論を述べてしまったら、時間がもたないかなぁ」と不安になるものですが、聞く側にとっては「そうか。この人はこう考えているのか」と質問の意図が汲まれたことに対して安心感を抱きます。
　そして、「では、なぜそう考えているのかな」と、理由を聞くスタンスがとれるのです。小論文でもそうですが、コミュニケーションにおいては、結論から述べるクセをつけましょう。

4. 非言語表現をも配慮した「表現」(Action)

　今までの工程でつくったシナリオを表現する段階では、返答内容だけでなく、**顔の表情、身だしなみ、身のこなし、声の調子など、返答態度にも配慮**しましょう。
　社会心理学者メラビアンの実験によれば、初対面の人の対話では、以下のように、ことば以外のメッセージのほうが、圧倒的に第一印象として残ることがわかっています。

・表情、態度………55％
・声の調子…………38％
・ことばの内容…… 7 ％

　この結果を、そのまま面接試験に当てはめることは軽率ですが、話の中身だけではなく、発声や表情、態度はとても重要です。「ぜひこの学部に入りたい」と話しても、やる気のない表情や声の調子では、「あまり入りたくないようだ」という印象を持たれてしまうのです。
　そこで、話す態度についての注意点を、以下に4つあげます。

●**外観**：服装、髪型、顔の表情（とくに目と口で人の人相は決まる）
●**姿勢・動作**：「静」と「動」にメリハリがあるか
●**発声**：音量、速度、高低などの工夫
●**意識**：「自分は見られている」という意識を持っているか

　外観とは、視覚でとらえられる情報です。顔の表情、姿勢、身だしなみなどです。顔は、しっかり口元の両端（口角）を引き締め、こころもち

目を大きめに開けると、「明るい表情」になります。視線も、答える相手の顔にあわせましょう。

　服装、化粧、アクセサリーなどでは、「清潔感」を訴えましょう。化粧やアクセサリーは不要です。それよりも、髪を整え、服のボタン、ファスナーをしっかり閉め、手入れされた靴を履くほうが「受験生としての好印象」につながります。

　動作で大切なのは、「動と静のメリハリ」です。「入室する」「立つ」「座る」などの動作を「サッと動き、ピタッと止める」ことが肝心なのです。ダラダラ動いたり、フラフラ起立したり、着席したりしていては、意欲も真剣さも感じてもらえません。

　姿勢は、立っているときも、座っているときも、「背筋をピンと伸ばすこと」が大切です。頭のてっぺんを上から引っ張られているとイメージするのがいいでしょう。

　発声は、「一音一音はっきりと、大きい声で」が基本です。面接では、相手との距離も離れていますので、声はいつも話している音量よりも大きくしないと面接官に届きません。また、最後の一音、すなわち語尾まで一音一音はっきり発声しましょう。とくに語尾を強調すると、誠実で堂々とした印象を伝えられます。

　意識の持ちかたも大切です。「自分は見られているのだ」という意識が欠けていると、外観、姿勢・動作、発声もついついお留守になるからです。面接試験は、人生の勝負の場ですから、舞台に上がった演技者のように、緊張感を持って臨むことが重要です。

　私は、こうした4項目に「言語内容」を加えて"AMUSE"という名前をつけています。AMUSEとは、以下に示す5つのキーワードの頭文字で、面接を「楽しもう（アミューズしよう）」というメッセージも込められています。

Part3 面接試験への応用

　なお、それぞれの単語は、印象的にまとめるために使ったことばですので、英語の厳密な意味が、私の意図と深く関連するとはかぎりません。勢いで覚えてください。

- **A**ppearance（外観）
- **M**otion（動作）
- **U**tterance（口ぶり＝発声）
- **S**ubstance（内容＝言語内容）
- **E**ntertainer（演技者）

　以上の５点が守れるように、事前にしっかり練習し、準備しておきましょう。その際に、図３－④－１で自分の非言語表現をセルフチェックしてみましょう。自分で判断できなければ、親しい人に記入してもらってもかまいません。

【面接 ULTRA メソッド・その８（表現―非言語表現への配慮）】

●**外観**
・明るい表情、清潔感ある服装、髪型、手入れされた靴など

●**姿勢・動作**
・動静のメリハリ、敏速な動き、落ち着いた静止、伸びた背筋など

●**発声**
・明確な一音一音、語尾の強調、大きな声など

●**意識**
・他者に見られている意識

図3－④－1：非言語表現のセルフチェック

分野	細目	評価	対策（今後どう訓練するか）
外観	服装		
	髪型		
	表情		
	靴など		
姿勢・動作	起立姿勢		
	着席姿勢		
	移動		
	話す姿勢・動作		
発声	明瞭さ		
	大きさ		
	速さ		
	高さなど		
意識	自己制御		
	面接者配慮		

※評価基準　　○……よくできている
　　　　　　　△……まあまあできている
　　　　　　　×……できていない

ココでカセぐ!!　メラビアンの実験結果は、私たちの日常生活における経験からも納得できます。コンビニエンスストアなどに行って「いらっしゃいませ」といわれたとき、「暗い表情」や「小さい声」だったら、気分が沈んでしまいますね。面接では、受験生らしくハツラツと自己表現してください。

Part3 面接試験への応用

5. 面接試験への事前準備

①頻出質問に対する「シナリオづくり」

　具体的な準備ですが、以下に示す頻出質問項目について、話す内容を事前にまとめておきましょう。【面接ULTRAメソッド】で学んだプロセスを用いて、シナリオをつくっておくのです。

■学部・専攻、学生生活に関すること
※志望理由書、自己推薦書と矛盾しないよう注意しましょう

Q. 自己紹介をしてください。
(受験番号、出身高校、志望理由などを答える)

Q. あなたは、なぜこの学部に進もうと思ったのですか。

Q. あなたはとくにどんなテーマについて研究したいのですか。

Q. あなたの志望する分野で、本学の教官を知っていますか。
(知っている場合は、教官名で答える。知らない場合は、「いいえ、教官の氏名は存じ上げませんが、〜という授業があることは知っております」などと講座名で答える)

Q. その研究したいテーマについて、あなたは今までどのような努力をしてきましたか。

Q. あなたは、具体的にどのような学生生活を送ろうと思っていますか。
・学問では（専門）
・学問では（専門外）
・サークル活動では
・ボランティアでは
・アルバイトでは
・その他

ココでカセぐ!!　大学とは、基本的には学問をする場所ですし、教員である面接官との接点も学問ですから、「どのように学問を修めるか」という質問についてはしっかり準備しておきましょう。
　まず、自分の専攻については、とにかく志望理由書・自己推薦書に書いた内容との一致を厳守しましょう。また、専門以外の語学や一般教養などについてもコメントすると効果的に学習意欲を示せます。
　また、サークル活動、ボランティア活動、アルバイトなど、学問以外の分野についても、「〜のために」といった目的意識をしっかり訴えれば、入学したいという真剣な思いが伝わります。

■卒業後の将来展望に関すること
※こちらも志望理由書、自己推薦書と矛盾しないよう注意しましょう

Q. 卒業後は、どのような道に進むつもりですか。
・業種／職種／進学先（大学院）

Part3 面接試験への応用

ココでカセぐ!! 志望理由書、自己推薦書で述べたことを、繰り返し訴えればいいでしょう。まず、「就職するのか、大学院に進学するのか」を明確にし、そこから、就職するつもりなら「業種、職種」について、進学を志すなら「進学先大学院研究科、進学目的」についても調べておきましょう。

なお、数多くの学生を見ている教員は、「こうした展望が、入学後変わるかもしれない」ということは百も承知です。ですから、堂々とその時点での希望を述べましょう。評価されるのは、将来の展望を描く構想力、その時期、その時期で意思決定できる決断力なのです。

■大学に関すること

Q. なぜ、他学ではなく本学を志望したのですか。

Q. 本学の沿革、教育理念、学長（総長）について述べてください。

ココでカセぐ!! 大学の細かな情報は、緊張して忘れるかもしれません。もし忘れたら、「募集要項はよく読ませていただきましたが、緊張して忘れてしまいました」などと応ずればいいでしょう。

■筆記試験の内容について

Q. 筆記試験の感想を言ってください。自分ではできたと思いますか。

ココでカセぐ!! 筆記試験は選考手段ですが、個人の人生にとっては、学習経験の一つです。それゆえ、「試験から学んだこと」を具体的に述べると、「前向きに人生を生きようとしている」と、好印象を持たれます。

■生徒自身に関すること

Q. 今まで読んだ中で最も印象に残っている本は何ですか。また、それはなぜですか。

Q. あなたの趣味は何ですか。そこから、どんなことを学びましたか。

Q. あなたの「好きなことば」は何ですか。なぜ、好きなのですか。

Q. あなたが「尊敬する人」はだれですか。どこを尊敬していますか。

Q. あなたの「長所と短所」は何ですか。

※その他、志望校の傾向に沿って「自分自身に関わる質問」を準備しておきましょう。

ココでカセぐ!! 余計な前置きはせず、質問にはストレートに答えるクセをつけましょう。「あなたの尊敬する人は」と問われたら、「私の尊敬する人は〜」と率直に答えるのです。また、理由をつけることも習慣にしましょう。

Part3 面接試験への応用

■家族について

Q. あなたは、家庭内でどんな役割を担っていますか。

■地域について

Q. あなたは、どんな地域貢献をしていますか。

ココでカセぐ!!　個人情報保護法の施行などにより、あまりプライベートなことは面接で聞かれなくなりました。しかし、「身近な社会に対して問題意識を持っているか」という点で、家族や住んでいる地域についても、相変わらず尋ねられます。
　それゆえ、家庭や地域のなかでの役割を意識しておきましょう。

■現代社会への問題意識について

Q1. 「インターネットの普及」についてどう思いますか。

Q2. 「携帯電話の普及」についてどう思いますか。

Q3. 「女性の社会進出」についてどう思いますか。

Q4. 「グローバル化の進展」についてどう思いますか。

Q5. 日本では「少子化」が進んでいますが、どう思いますか。

Q6. 高齢者の人口比率が高まる「高齢化社会」についてどう思いますか。

Q7. 日本は「豊か」だと思いますか。

Q8. 「環境問題」を一つ挙げ、あなたができる対策を述べてください。

Q9. あなたは、「学級崩壊」についてどう思いますか。

Q10. 「異文化を理解する意義」とは何でしょうか。

Q11. あなたは、「外国からの食料輸入」についてどう思いますか。

Q12. 最近気になるニュースは何ですか。また、それはなぜですか。

Part3 面接試験への応用

ココでカセぐ!!

日常的に考えていないとすぐには答えられない質問です。しかし、的確に答えられれば、問題意識の高さを訴えられます。それぞれの問題については、Part2の小論文のテーマ研究を参考にしてください。

以下、返答例を示しておきますので、参考にしてください。「例えば〜」の部分には、自分独自の体験や観察を入れると「あなただけの回答」になります。

Q1. 「インターネットの普及」についてどう思いますか。
A.情報を疑う姿勢が重要になると思います。なぜなら、役に立つ情報だけでなく、危険な情報もたくさん出回るからです。例えば、〜。

Q2. 「携帯電話の普及」についてどう思いますか。
A.マナーも普及させる必要があると思います。なぜなら、気配りをし合う公共の場に、個人の都合をますます持ち込むからです。例えば、〜。

Q3. 「女性の社会進出」についてどう思いますか。
A.良いことだと思います。なぜなら、生まれる前から決まっている性とは関係なく、社会での活躍を望む女性のやる気や努力が報われる機会が増えるからです。例えば、〜。

Q4. 「グローバル化の進展」についてどう思いますか。
A. そうした社会では、偏りのない大きなこころを持つことが大切だと思います。なぜなら、自分の常識とは違う価値観を持った人々と会う機会が増えたり、貧富の差が広がったりするからです。例えば、〜。

Q5. 日本社会では「少子化」が進んでいますが、どう思いますか。
A. 今までのように老後をのんびり過ごすことは難しくなると思います。なぜなら、介護の面でも年金の面でも面倒を見てくれる若い人が年々少なくなっていくからです。例えば、〜。

Q6. 高齢者の人口比率が高まる「高齢化社会」についてどう思いますか。
A. 私たちは自覚的に高齢期を迎える準備が必要だと思います。なぜなら、高齢者の人口比が高くなれば、今までのように国に全面的な社会保障を頼れないからです。若いうちから老後の設計を考えておけば、生活の安定も生きがいも保てる可能性が高まります。例えば〜。

Q7. 日本は「豊か」だと思いますか。
A. 経済的には豊かになった反面、自然環境や精神の面で貧しくなったところもあると思います。なぜなら、経済的な豊かさを築くために、自然や人とのふれあいがなくなってきたからです。例えば、〜。

Q8. 「環境問題」を一つ挙げ、あなたにできる対策を述べてください。
A. 地球温暖化を挙げます。対策として、すでにゴミを出さない努力をしています。なぜなら、ゴミが少なければ、ゴミ焼却の段階で出る二酸化炭素などの量も減っていくからです。例えば、〜。

Q9. あなたは、「学級崩壊」についてどう思いますか。
A. 原因の一つとして、集合授業システムがあると思います。なぜなら、今は塾などの民間教育機関が増えるなどして、生徒の習熟度もバラバラだからです。例えば、〜。

Part3 面接試験への応用

Q10.「異文化を理解する意義」とは何でしょうか。
A. 私は、異文化を理解する意義は2つあると思います。1つは、自文化にない要素を学ぶことによって自文化を豊かにできる点、もう1つは、自文化への理解を深められる点です。なぜなら、自文化にない要素を持っている異文化は、自文化の限界を超える可能性を秘めているからです。また、逆のこともいえます。「異文化にとって異文化」である自文化には、自分たちには気づかない価値や魅力があるかもしれません。例えば、〜。

Q11. あなたは、「外国からの食料輸入」についてどう思いますか。
A. 安全性さえしっかり審査し、確保していれば、良いことだと思います。なぜなら、海外との文化交流や経済交流が進んだり、国内の農業や漁業にも刺激を与えたりするからです。例えば、〜。

Q12. 最近気になるニュースは何ですか。また、それはなぜですか。
A. 気候が不安定になっていることです。なぜなら、そこには人間の自己矛盾が含まれているからです。便利になろうと思って、科学技術を活用しようとしたのに、結局は自分自身の首を絞める結果になっているのです。例えば、〜。

②こころの中での「イメージトレーニング」

　シナリオができたら、外見、動作、発声の練習をします。次のような質問に対する返答内容が決まったら、話す態度に気をつけて、実際に言ってみるのです。

　質問例：「働く意欲も、そのために学び職業訓練を受ける意欲のない若者をNEET(Not in Employment, Education or Training)と呼びますが、あなたはこのニートについて、どう思いますか」

　返答例：「私は、保護者がニートを突き放すべきだと思います(質問への率直な答え)。なぜなら、保護者はいつまでも面倒は見られませんし、そのまま放っておいたら、自立する機会がなくなるからです(理由)。実際、私も昨年父が過労で入院したとき、真剣に働くことを考えました。そして、そうしたことがあったからこそ、大学に行くにも本当に学びたいことを探そうという自覚が芽生えました(具体例)」

　まず、鏡で自分の表情をチェックします。やや大きく目を見開き、口元を引き締めながら発声します。同時に、壁に反射した自分の声を聞き、声量を調節し、語尾まではっきりと発言します。

　なお、表情や声の調整がわかってきたら、「実際に相手がいる」ものと想定した練習に移ります。次の３段階があります。

・イメージトレーニング
・シャドートレーニング
・リハーサル(模擬面接)

Part3 面接試験への応用

　イメージトレーニングは、「ノックしたつもり、入室し席についたつもり、質問に答えているつもり……」などと、想像をめぐらせるコミュニケーショントレーニングです。スポーツや演奏でも、イメージトレーニングの効果が実証されていますが、面接の練習においても有効です。

　人間は、発声にしろ動作にしろ、多くの活動を意識によってコントロールしていますから、頭の中で予行演習をしておくことは、スムーズに行動をするうえでの効果的な準備になるのです。

　また、イメージトレーニングのメリットは、「**いつでもどこでもできる**」という点にもあります。電車やバスでの移動中でも、入浴中でも、こころの中でありありと面接シーンを想像することはできます。

イメージトレーニング
（頭の中での想像）

からだの動きにも影響

③からだの動きも伴って「シャドートレーニング」

　イメージトレーニングには、「いつでもどこでもできる」というメリットがありますが、ノックの仕方、歩き方、実際の声の調整など、細かな調整には限界があります。実際に動き、発声する練習も必要です。

　そのように、実際の動きや発声を伴って行う練習法が、シャドートレーニング、またはシャドーウィングです。シャドーボクシングのように、実際に敵はいないのに、敵を想定してパンチを繰り出したり、避けたり、フットワークを使ったりする練習です。いわば「一人芝居」です。

　シャドートレーニングができる場所と時間帯を見つけて、**実際に動作や発声をしてみる**のです。

表情の調節

発声の調整
（声の大きさ
　声の速さ
　声の高さ）

態度・動作の調節

Part3 面接試験への応用

④面接官をお願いして「リハーサル(模擬面接)」

　もし面接官役を演じてくれる人がいれば、面接のリハーサル、模擬面接をすることも有効です。そのときは、あえて「想定していない質問」も交えるように頼んでおきましょう。すると、とっさの対応ができるようになります。

　模擬面接をしてもらうときは、**話の内容とともに、外見、動作、発声など、話す態度についても、しっかりチェックしてもらいましょう。**

　そして、面接官役の人のアドバイスを参考にして、内容、態度ともに修正し、面接技術に磨きをかけていくのです。

　なお、次のページの【面接評価シート】は、コピーして、シャドートレーニングのときに自己評価として活用したり、リハーサル(模擬面接)で面接官役を演じていただく人に渡してチェック項目を説明して、記入してもらったり、活用してください。

　その際、どんな質問をしてもらうかは、本書のリストを参考にしてもらってください。

【面接評価シート】　　　下記の点の評価をお願いします。

1. 外観について(Appearance)

　服装(清潔感ある服装をしていますか：　よい　　　ふつう　　　わるい　)

　姿勢(背筋はピンと伸びていますか：　よい　　　ふつう　　　わるい　)

　表情(明るく好感の持てる表情ですか：　よい　　　ふつう　　　わるい　)

2. 姿勢・動作について(Motion)

　動(動きはモタモタせず機敏ですか：　　よい　　　ふつう　　　わるい　)

　静(座っているとき落ち着いて見えますか：　よい　　ふつう　　　わるい　)

3. 発声について(Utterance)

　大きさ(声はしっかり出ていますか：　よい　　　ふつう　　　わるい　)

　明瞭さ(はっきりと話していますか：　よい　　　ふつう　　　わるい　)

　緩急抑揚(メリハリがありますか：　　よい　　　ふつう　　　わるい　)

4. 返答内容について(Substance)

　理解力(質問の内容を理解して返答できていますか：　よい　ふつう　わるい　)

　論理性(発言に対する根拠を示していますか：　　よい　ふつう　わるい　)

　具体性(話の内容は具体的でわかりやすいですか：　よい　ふつう　わるい　)

　一貫性(全体の話が矛盾せず一貫していますか：　　よい　ふつう　わるい　)

5. 意識について(Entertainer)

　注意(面接官の顔を見て発言していますか：　よい　　　ふつう　　　わるい　)

　熱意(全体に入学への意欲が感じられますか：　よい　　　ふつう　　　わるい　)

※アドバイス
　上の5つの点について、また、それ以外のことについて、アドバイスをお願いします。なにかお気づきの点がありましたら、ご自由にお書きください。

Part3 面接試験への応用

6. グループディスカッションとプレゼンテーション

①グループディスカッションへの対策

　生徒同士のディスカッションが中心で、面接官はテーマを投げかけ、その様子を観察することに徹するのが、グループディスカッションです。この形態でも、個別面接と同じように、問題意識や理解力、論理的思考、表現力が評価されますが、さらに「他者との関わりかた」も印象に残りますので、配慮しましょう。

■主導権を握る

　グループディスカッションの最中に一言も発言しなければ、面接官の印象には残らないでしょう。「寡黙な生徒だったなあ」という印象は残るかもしれませんが、それではプラスの評価になりません。

　したがって、**積極的に発言し、議論をリードする姿勢をアピールすることが基本**です。「教育問題について自由に議論してください」といった発議があったとして、以下のダイアログを参考にしてください。積極的、主体的に発言することで、問題意識の高さを表現できています。

「はい、私から発言させていただきます。私自身の経験からも言えることですが、日本の義務教育では、カリキュラムが固定化しすぎています。鉄は熱いうちに打てといいますが、小学生や中学生のときに、もっと得意科目を集中的に伸ばすような柔軟なカリキュラムがあっていいと思うのです。皆さんはどう思いますか」

なお、「教育問題」といっても範囲が広いので、自分が日ごろから問題意識を持っている分野（カリキュラムの固定化）に話を絞り込んでしまえば、より具体的な根拠を持って発言することができます。

■まとめと整理（構造化）のスキルもアピールしたい

　ただし、自分の独壇場で議論を進めてしまうこともよくありません。「協調性がない」といった印象を与えてしまうからです。「皆さんはいかがですか」と、**他者の発言を促すような姿勢もアピール**しましょう。

　さらに、**意見をまとめるスキルをアピール**すると、他者の話を理解する能力、それらを構造化する論理的思考力を評価されます。「構造化」とは、意見と意見の関係を整理して示すことです。先ほどのテーマで議論が続いたとします。以下のダイアログで、構造化スキルを参考にしてください。

「いろいろな意見が出てきましたね。ここでちょっと整理してもいいですか。これまで日本の教育問題について３つの話題が出てきたと思います。第一に、私から問題提起したカリキュラムの固定化。第二に、Ａさんが指摘した情操教育の欠如。そして、第三に、ＢさんとＣさんから出た、グローバル化に対応できていない点です。まだほかにも、問題はありますか……」

　なお、このようにディスカッションを促すことをファシリテーション（facilitation）といいます。ファシリテーションとは、「促す」という意味の「ファシリテート（facilitate）」という動詞から派生した名詞です。ずばり「（発言や合意の）促進」を意味しています。

　また、ファシリテーション役を「ファシリテーター（facilitator）」と呼

Part3 面接試験への応用

び、現代社会の組織に必要な人材の要件とされています。大学生の就職活動でも、グループディスカッションをするケースが多々あります。ファシリテーションの能力は、大学入学後も卒業後も生かせますので、ぜひ習得してみてください。

■困ったときの傾聴スキル

ただし、実際には、上記のようにグループディスカッションが自分の思い通りに進まない場合もあるでしょう。あまり詳しくない分野の話題が発議され、考えてはみるものの、なかなか発言内容がまとまらず、いたずらに時間だけが過ぎていくこともあるかもしれません。

そうしたときには、傾聴のスキルを用いると効果的です。聴き役に徹するのです。「とりあえずなにか話しておこう」と、テーマから離れた的外れな発言をするよりも賢明です。そのような発言をしてしまえば、場の空気を悪くして、評価を下げることにもなります。

ただし、聴き役といっても、黙って聞いているだけでは、存在感を示せません。**「聴く」という姿勢を表現しなければいけない**のです。そのために「議論への反応」を示しましょう。具体的には、「あいづち」「反射（繰り返し）」「要約」「質問」「承認」「提案」などのスキルがあります。今回は、反射、承認、要約、質問について説明します。

・反射と承認

反射とは、発言を鏡のように反射することです。話を繰り返すのです。また、承認とは、相手の発言を積極的に認めていくことです。「すばらしい発言ですね」とか、「その考えには同感です」といった反応です。

参考になる発言があったとき、それを反射し、承認することで、たとえ自分独自の意見ではなくとも、存在感を示すことができます。

以下の事例を参考にしてください。

「Cさんは、海外に行くケースも、外国人を迎えるケースも多くなっているから、外国語教育にはもっと力を入れ、世界のさまざまな文化・習俗まで義務教育で教えたほうがいいとお考えなのですね。私も、まさにそのとおりだと思います……」

なお、承認した理由も付け加えられるといいですね。「先日、シンガポールから来日した観光客に、最寄駅で道を尋ねられたのですが、聞き取ることはできても、発言がとっさに浮かびませんでした……」などと、独自の根拠を提示するのです。

・要約
　また、**長い話をまとめる要約のスキルをアピール**することも効果的です。話を構造的に理解する力を評価されます。以下に事例を示します。

「Cさんの話をまとめると、仕事でもプライベートでも英語を聞き取り、話す機会が増えたのだから、もっと実践的な英語教育が必要だということですね……」

なお、要約の後でも、承認や承認の根拠を提示しておきましょう。

・質問
　発言者に質問をすることによっても、存在感は示せます。質問には「確認のための質問」と「深耕のための質問」があります。前者は、自分の理解を確認するための質問で、「それは学校でのことですか」など、答えが

Part3 面接試験への応用

ひとつに決まる「クローズドクエスチョン(閉ざされた質問)」の形式をとります。一方、後者は「例えばどういうことですか(for example)」「なぜですか(why)」「どうすればいいと思いますか(how)」などの「オープンクエスチョン(開かれた質問)」の形式をとり、参加者の思考を深く耕します。具体的には、以下のように用います。

「Dさんに質問させていただきます。高齢者の方にパソコンを教えるボランティアは、授業の一環として行われたのですか、それとも課外活動として行われたのですか(確認)」

「というと、総合学習の時間は、学外で活動されている高校も多いのですね。皆さん、今までの発言以外にどのような活動が有効だと思いますか(深耕)」

なお、こうした一連のコミュニケーションスキルは、すべて先ほど述べたファシリテーションスキルの一環です。

②プレゼンテーションへの対策

　プレゼンテーションとは、直訳すれば「提案」です。特定の相手に対して自分の「案（考え）」を「提げる（示す）」ことです。ゆえに、「面接試験＝プレゼンテーション」ともいえそうですが、大学入試で求められるプレゼンテーションとは、「複数の面接官に対する口頭での発表」を指す場合が多いようです。

　なお、発表を求められる内容は、主に大学での学問についてです。

　このように自分の考えを試験官の面前で発表するわけですから、面接の基本である「言語メッセージ」と「非言語メッセージ」の双方の効果的な伝達を意識しましょう。まず、発表内容をつくる段階では、大学の学部で研究できることを踏まえたうえで（**理解**）、取り組みたい問題をその根拠とともに明らかにし（**論理づくり**）、発表の順序を整え（**整理**）、実際にプレゼンテーションに望むのです（**表現**）。

■言語情報はメインの主張を前面に

　発表内容については、面接の基本のとおり、論理性、具体性を重視して、組み立てます。発表する順序も、まず**主張から提示し、次に根拠、そして具体例を提示する構成**に整えておきましょう。

　例えば、大学で電子投票による直接民主制（ｅデモクラシー）を研究したい受験生の発表を想定します。ｅデモクラシーとは、政治家が議会で法案の決議をするのではなく、国民が直接、インターネットを経由して法案の決議をする政治の仕組みです。

　そこで、次のように話を組み立てます。根拠を多角的に探ると説得力があります。

Part3 面接試験への応用

「私が研究したいテーマは、eデモクラシーです。高校の政治経済の先生からその話を聞き、本格的に調べて興味を持ちました。eデモクラシーには、現在の間接民主制、つまり代議制にないメリットがあるからです(主張)。第一に、国民の意見がストレートに行政に反映されます。政党政治ですと、党の派閥の意見に従わなければならないため、選挙区で公約したことを国会決議において平気で裏切る政治家が横行します(根拠1)。第二に、一回選挙をするたびに莫大なコストがかかるので、eデモクラシーを導入すれば、そのコストの節減が可能です(根拠2)。実際に、昨年の法案改正で、私が住んでいる選挙区から立候補し、トップ当選した政治家は法改正に反対していました。しかし、党利党略により国会では、賛成票を投じていたのです。これでは数万票がむだになります(具体例1)。また、選挙費用に関しても……(具体例2)」

■視覚効果(ビジュアルエイド)にも配慮

多くの大学入試のプレゼンテーションでは、パソコンやプロジェクター(光で文字や映像を映し出す機械)の使用、図を描いた模造紙の持参による説明が許されています。「百聞は一見にしかず」という格言もあるように、**視覚に訴えることはとても有効**です。

そこで、もしこのような機器、用具の使用を認められているのなら、積極的に活用しましょう。次のように、言葉で示すよりも図を見せた方がわかりやすいケースが多々あるからです。なお、このような視覚効果をビジュアルエイドといいます。

日本では1988年は……であったのに、2007年にいたると……に増加しています。……

言葉による説明

ビジュアルエイド

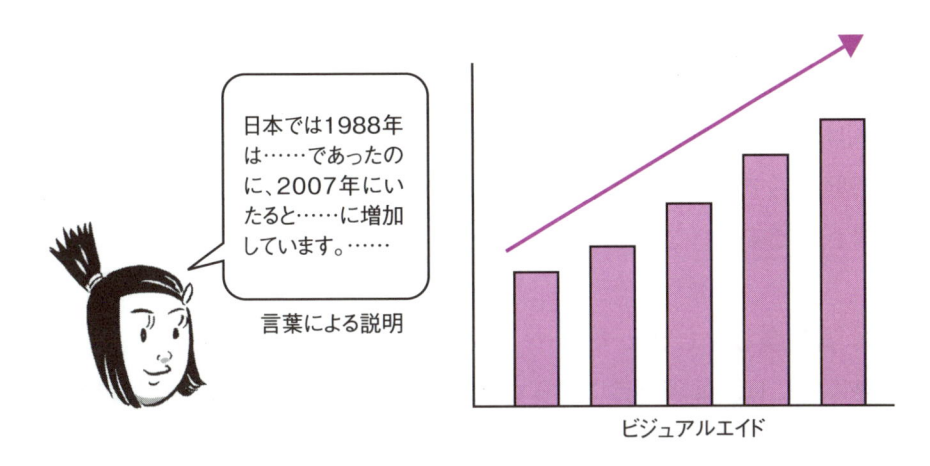

■身振りや手振りにも気を配る

さらに、**話の内容に合わせて身振りや手振りを入れると効果的**です。数字を示すときは、指を立てる。大きさを表すときは両手を広げ、小ささを表すときは、両手や指を狭める。こうした工夫が、より面接官にあなたの主張を印象づけます。

■声は大きくメリハリをきかせて

また、これも面接の基本ですが、**声のトーンにも気を配ります**。多くの人が聞いていますので、大きな声ではっきりと発表しましょう。さらに、**重要なところはゆっくり低く話したり、繰り返したりして強調する**と印象に残ります。

なお、関心が逸れないように、**面接官たち一人一人の顔を見て話す**ことも重要です(アイコンタクト)。

Part3 面接試験への応用

7. 面接試験にむけた危機管理

■予期せぬ危機に直面するかもしれない

　面接試験当日には、予期せぬアクシデントが生じるかもしれません。それは、体調不良であったり、交通機関の遅れであったり、急にわきおこる緊張感であったり、聞かれたくない事情を聞かれてしまったり……さまざまです。

①体調を崩してしまったら……

　基本的には、体調不良にならないよう、面接の何日か前から体調管理をしておく必要があります。テレビの解説者も務めているある大学教授は、出演日の前日は生ものを食べない、冷たい飲み物を飲まない、温めのお風呂に入って、早寝をするといった準備をしているそうです。この姿勢に学びましょう。**体調管理も面接対策の一環**とこころえてください。

　ただし、気をつけていても、突発的な事故で怪我をしたり、体調を崩したりすることはあります。そうしたときは、次のように、面接会場で速やかに事情を説明して指示を受けましょう。

「先日、下校中に後ろから自転車に追突され、右脚を打撲してしまいました。着席時に姿勢を崩すことがありますが、お許しください」

　このような断りをしなくても、面接官は気づいてくれるかもしれませんが、説明しておいた方が礼儀正しさを訴えられます。

②交通機関が遅れたら……

　交通機関の遅れなどによって、ギリギリの到着や遅刻の可能性もあり

ます。それゆえ、**「遅刻をしたら面接は受けられない」と自覚し、早めに現地に到着する努力**をしましょう。事前に会場を下見しておくことも重要です。面接会場には、遅くとも1時間前には入っていたいものです。人は「慣れること」によって精神的に安定になりますので、5分前に来た人よりも、1時間前に来て会場の雰囲気を味わった人の方が、落ち着くのです。

　ただし、突然の交通事故や気候の変化で、交通機関が全面ストップになってしまうようなこともあるかもしれません。そうしたときは、事態がわかった段階で、できるだけ早く大学に連絡し、指示を受けましょう。

③直前にアガってしまったら……

　面接試験では、急にアガってしまうこともあるでしょう。そうしたとき、「緊張するな」と自分に言い聞かせても逆効果です。そもそも緊張やアガリとは、私たちの自問、つまり意識によってはコントロールできない反応だからです。

　極度に緊張したときのことを「心臓がバクバクする」などとたとえますが、実際に、緊張しているときには、心拍数は通常よりも上がっています。心拍は、勝手に動いている働き、つまり自律的な働きですから、私たちのいい聞かせではどうにもならないのです。私たちのからだは、不測の事態から逃げやすいように、心拍数を上げてすばやく全身に血液を送り込もうと反応しているのです。

　それゆえ、「マズイ、緊張してはいけない」とプレッシャーを感じれば感じるほど、からだは「マズイ状態から逃げ出さなきゃ」と反応して、余計に緊張感が増すのです。

　そこで、一つには、**緊張したことを否定的に考えず、肯定的に考える**

Part3 面接試験への応用

ことが大切です。「緊張感が保てていてよかった」「気が抜けていない証拠だ」などとプラス思考に転ずることで、リラックスしてきます。からだに対して「マズイ状態ではないのだ」と教えてあげることによって、「心臓バクバク」の状態が収まるのです。

実は、私も大学院入試の面接直前に緊張してしまったことがあります。しかし、そのときは開き直ってこう考えました。「こんな緊張感を感じるのは久々だ。自分にもまだまだこんなに新鮮なところがあったのだ」と。すると、少しずつ緊張感も和らいでいきました。

もう一つには、よくいわれることですが、**深呼吸をすることも大切**です。呼吸は、人のからだの働きで、意識と不随意を結んでいるからです。つまり、呼吸は普段は無意識に行っていますが、私たちの意識によってもコントロールできます。呼吸を通じて、間接的に「心臓バクバク状態」を整えることができるのです。

④知らないことを聞かれたら……

知らない知識を問われる場合もあるでしょう。まず、そのようなことがないように、**面接で問われそうな知識は前もって学習しておく必要**があります。

例えば、「本学の学長（または創立者）の名前は知っていますか」とか「本学の建学精神、教育理念は知っていますか」などと聞かれて、答えられないと、志望動機の確固さを疑われます。それゆえ、まず事前準備が大切なのです。

しかし、事前準備しておくべき範囲を超えた知識が問われたときは、正直に「知らない」と述べるしかありません。知ったかぶりをしても、誠意を疑われるだけです。

ただし、それで面接が終わってしまったら、結局アピールすることが

できませんので、マイナスをプラスに変える必要があります。それが、**知的好奇心を示す方法**です。「知りませんでしたが、興味がありますので、さっそく帰りに調べてみます」などと切り返すのです。

　否定的(ネガティブ)な状態を、肯定的(ポジティブ)な状態に切り返すので、私はこうした発想を「ポジティブ返し」と呼んでいます。

⑤返答内容を訂正したいときは……

　前に述べた内容を訂正したいときは、いきなり訂正するのではなく、まず許可を取ることが大切です。「先ほど、……について『知らない』といいましたが、訂正してもよろしいでしょうか。思い出したのです」などと切り出します。

⑥何事にも誠意を持って答える

　最後に、面接試験で聞かれたくないことを問われたときの対処について説明しておきましょう。「出席率が低いこと」「評定平均が低いこと」「部活動に入っていなかったこと」など、自分の弱みについて問われる場合です。

　内申書などに誤った記述があるのなら、即座にその場で訂正する必要があります。しかし、事実なら否定することはできません。過去は消せないのです。したがって、まず誠意を持って事情を説明します。過去は消せませんが、現在そして未来はこれから新しくつくることができます。ですから、**過去の失敗を反省している心情を訴えて、明るい未来につなげるように説明すればよい**のです。

　私は、このような説明を「未来投げ」と呼んでいます。困ったときは「ポジティブ返し」、そして「未来投げ」です。出席率の低さを指摘されたときの返答として、以下の発言を参考にしてください。

Part3 面接試験への応用

　なお、もともと募集要項に「出席率の低い人は評価しない」などとはアナウンスされていません。また、「成績評価」に関しても、成績の条件をクリアしているから面接を受けられるのです。ですから、そうしたことを質問する意図は、「答えにくいことを聞かれたときにはどう反応するか」「ストレスには耐えられるか」といったことを探る意図も含まれています。ストレス耐性やメンタルタフネスといった資質を評価しているのですね。それゆえ、そのような質問には反省しつつ、前向きに受け止めている姿勢を示すことが有効なのです。

　「欠席や遅刻の理由は、ほとんどが病欠です。高校１年の２学期から、精神的に不安定になり、不眠症になってしまったのです。それで、朝なかなか起きられなくて、欠席したり、遅刻したりしました。しかし、２年の後半から、大学受験という目標ができ、こころも安定してきたので、しっかり出席するようになりました。私にはこうした経験がありますから、大学に入っても体調・精神の管理には気を配ろうと思います」

　いかがでしょうか。マイナスの事情でも、プラスにアピールすることが可能でしょう。

※面接試験に向けた危機管理

予想される危機	対処(危機管理)
①体調不良になったら……	事前に注意する。もし体調を崩したら、状態を説明して指示を受ける。
②交通機関に遅れが生じたら……	1時間前到着原則。ただし、緊急事態が生じたら、至急連絡し指示を受ける。
③アガってしまったら……	まず、深呼吸。そして「緊張感が保てていてよかった」と開き直る
④知らないことを聞かれたら……	ポジティブ返し(プラスに転換)
⑤返答を訂正するときは……	訂正の許可を得て訂正
⑥弱みを聞かれたら……	未来投げ(現在の反省を未来に活用)
⑦その他(考えてみよう)	

電光石火
AO・推薦入試
コミュニケーション能力アップへの道
2007年7月31日　初版第1刷発行

著　者　クロイワ正一

ブックデザイン　渡邊正
本文イラスト　関谷学（GAKU）

編集　綾雄三

発行者　木谷仁哉
発行所　株式会社ブックマン社
　　　　〒101-0065 東京都千代田区西神田3-3-5
　　　　TEL 03-3237-7777／FAX 03-5226-9599
　　　　http://www.bookman.co.jp/
印刷・製本　赤城印刷株式会社

©BOOKMAN-sha 2007
ISBN 978-4-89308-667-9

乱丁・落丁本はお取り替えいたします。本書の一部あるいは全部を無断で複写複製及び転載することは、法律で認められた場合を除き著作権の侵害となります。
定価はカバーに表示してあります。